DU

# POUVOIR DE L'ÉTAT

## SUR L'ENSEIGNEMENT

### D'APRÈS L'ANCIEN DROIT PUBLIC FRANÇAIS.

PARIS, IMPRIMERIE DE COSSON, RUE SAINT-GERMAIN-DES-PRÉS, 9.

# DU POUVOIR DE L'ÉTAT SUR L'ENSEIGNEMENT

D'APRÈS L'ANCIEN DROIT PUBLIC FRANÇAIS;

PAR M. TROPLONG,

CONSEILLER A LA COUR DE CASSATION, MEMBRE DE L'INSTITUT.

PARIS,

CHARLES HINGRAY, LIBRAIRE-ÉDITEUR,

10, RUE DE SEINE.

1844.

DU

# POUVOIR DE L'ÉTAT

## SUR L'ENSEIGNEMENT.

---

## CHAPITRE PREMIER.

### RÉFLEXIONS PRÉLIMINAIRES.

En retraçant dans ce mémoire (1) les principes de notre ancienne constitution sur le droit d'enseigner, je n'entends rien préjuger sur la question toute moderne de la liberté d'enseignement. Ce n'est pas dans cette académie qu'il convient de prendre parti sur le sens des promesses de la Charte, et sur les meilleurs moyens de les concilier avec les droits imprescriptibles de l'État. Je veux seulement traiter un point d'histoire qui a joué un grand rôle dans les écrits des canonistes et des jurisconsultes d'autrefois,

(1) Il a été lu à l'Académie des sciences morales et politiques à la fin de 1843 et dans le mois de janvier 1844.

et qui se lie à mes études favorites sur la marche et les progrès de notre droit public et privé. Si le présent croit avoir quelque profit à en retirer pour les discussions qui le préoccupent, je serai heureux d'avoir donné communication à l'Académie de cette dissertation, entreprise il y a bien longtemps (1). A vrai dire, l'histoire a toujours des leçons utiles, et ce n'est pas pour satisfaire une vaine curiosité que les esprits sérieux en font leur aliment. Cependant, si elle est bonne à donner des enseignements et des conseils, elle ne saurait imposer des lois inflexibles, et la société n'est pas astreinte à emprisonner son mouvement dans le cercle de ses exemples. Étudions l'histoire; recherchons, avec son secours, les liens secrets par lesquels le passé s'étend encore sur nous, et fait survivre aux révolutions, à travers tant de ruines oubliées, certaines idées, certains principes, certaines formes de gouvernement, destinés à une longue vie sociale et à de nouveaux développements; mais réservons au présent toute son indépendance pour s'arranger comme il l'entendra avec les intérêts contemporains.

(1) Elle date en effet de 1827 et 1828. Je me suis borné aujourd'hui à l'approprier aux convenances académiques au moyen de quelques additions et remaniements.

# CHAPITRE II.

## APERÇU DES PRINCIPES ET DES FAITS DANS LE DERNIER ÉTAT DE L'ANCIEN DROIT.

Dans la dernière période de notre ancienne monarchie, il y avait, entre les corps enseignants et l'État, une union intime, dont les premiers étaient justement fiers, et dont le second était justement jaloux. Les universités, nobles déléguées de la puissance publique pour répandre l'enseignement, obéissaient avec orgueil à la voix du prince et des magistrats (1),

(1) Voyez *infrà*, ch. 26 et ch. 30, les paroles de l'Université de Paris.

et les recteurs, leurs chefs, se glorifiaient du titre de *vicaires du roi*, qui leur était donné par les jurisconsultes (1). De son côté, le prince couvrait de sa protection ces foyers de la lumière des lettres; pour les rendre durables, il les avait dotés de nombreux priviléges ou octroyés ou confirmés. Le plus grand de tous était de n'attacher qu'aux études faites dans les universités les degrés académiques (2). Plusieurs fois des établissements rivaux avaient tenté de partager cette haute prérogative; mais leur entreprise s'était brisée contre le droit exclusif des universités, corps privilégiés par leur essence, puisqu'ils n'étaient qu'une émanation de la puissance publique et les dépositaires d'un droit régalien.

Toutefois, cette maxime de nos jurisconsultes : que le droit d'enseigner appartient au domaine de souveraineté de la couronne (3), n'avait pas toujours été en vigueur en France. J'expliquerai dans cette dissertation comment

(1) Voyez *infrà*, ch. 21, les paroles de Servin, dans son plaidoyer pour l'Université de Paris.

(2) *Infrà*, ch. 28.

(3) *Infrà*, ch 19, je cite Chopin, Pasquier, Servin, de Thou et autres plus récents, en grand nombre.

et pourquoi elle s'était éclipsée pendant plusieurs siècles, et comment elle reprit ensuite sa place dans notre droit public. Qu'il me suffise de dire pour le moment que lorsqu'arriva la révolution de 89 elle était devenue depuis longtemps un principe fondamental, incontestable et non contesté. Les jurisconsultes et les publicistes de toutes les écoles, ceux qui tenaient aux anciennes maximes du royaume, comme ceux qui réclamaient des réformes dans l'État, les d'Aguesseau (1), les Montesquieu, les Turgot, les Malesherbes (2), les la Chalotois (3), tous étaient d'accord pour reconnaître que l'éducation devait être dirigée par l'autorité souveraine (4) et arrangée par la société suivant sa constitution (5); qu'elle était un droit et un devoir attachés à la puissance publique, dont les instituteurs étaient les mandataires (6).

(1) Voyez sa correspondance, *infrà*, ch. 30.

(2) Voyez l'ouvrage de ce dernier, intitulé : *Principes de la législation*, liv. 9, ch. 7 et 8.

(3) *Plan d'éducation nationale.*

(4) Malesherbes, *loc. cit.*, p. 303.

(5) *Id.*, p. 301.

(6) *Id.*, p. 305.

On en donnait deux raisons également décisives.

La première, c'est que l'instruction de la jeunesse fait les mœurs et la discipline des États, et qu'il faut par conséquent que le gouvernement la façonne par des lois conformes au principe de sa propre durée (1). N'est-ce pas d'ailleurs une sorte de fonction publique, que celle qui s'applique à former des hommes et des citoyens et à donner à toutes les carrières des sujets capables?

Il y a là-dessus de belles paroles dans les statuts de l'Université de Paris de 1598. Je demande la permission de les citer :

« Cùm omnium regnorum et populorum fe-
» licitas, tùm maximè reipublicæ christianæ sa-
» lus, *à rectâ juventutis institutione pendeat;* quæ
» quidem rudes animos ad humanitatem flectit,
» steriles alioquin et infructuosos reipublicæ
» muneribus idoneos et utiles reddit; Dei cul-
» tum, in parentes et patriam pietatem, erga
» magistratus reverentiam et obedientiam pro-
» movet. »

(1) Montesquieu, *Esprit des lois*, liv. 4, ch. 1; Malesherbes, *loc. cit.*

Ce langage d'un corps qui sentait la grandeur de sa mission exprime à merveille pourquoi, dans l'opinion de l'ancien droit et au point de vue de tous les anciens gouvernements dignes d'être étudiés, l'enseignement était une dette de l'État, et, par suite, un office public qui pouvait bien être délégué, mais non pas abandonné au libre exercice du premier occupant. L'éducation de la jeunesse, c'est en effet la préparation de l'avenir de la patrie!! et l'État serait frappé de vertige si, content de vivre misérablement sur le terrain mobile du provisoire,il abandonnait cet avenir aux hasards de l'exploitation industrielle, ou aux vues redoutables d'une exploitation hostile.

Mais écoutons les explications d'un illustre magistrat qui vécut au XVIIIe siècle et partagea l'amour de son époque pour les réformes et pour la liberté :

« Il ne suffit pas que l'éducation soit publique, disait Malesherbes (1), si elle n'est pas dirigée par l'autorité souveraine. Les citoyens appartiennent à l'État dont ils sont membres, et

(1) *Loc. cit.*, p. 303.

leurs enfants appartiennent par conséquent aussi à la grande famille dont le souverain est le père commun.

» C'est donc au législateur à ordonner un plan d'éducation et à le faire exécuter. Le souverain seul a les moyens en main pour former, par des récompenses, des instructeurs habiles, qui manquent aussi longtemps que le public ne se charge pas de les entretenir. Il a, seul encore, la volonté déterminée de faire élever la jeunesse suivant le meilleur plan et de la manière la plus analogue à la constitution de l'État; car il a le plus grand intérêt de former des citoyens utiles, et une tendresse aveugle n'offusque pas ses vues à l'égard des moyens requis pour obtenir son but. Pour augmenter sa puissance, pour assurer son trône, il doit rendre excellente l'éducation de ses sujets. . . . . . . . . . . . . . . . . . . . .

» Et puisque le soin de veiller à l'éducation est un droit et un devoir attachés à l'autorité souveraine, les instituteurs sont *ses mandataires qui, en son nom, exercent ce droit et s'acquittent de ce devoir*. Ces instituteurs sont donc des citoyens « *uniquement attachés au souverain*, etc. »

Ces idées sont tirées des entrailles mêmes de la question; la haute part qu'elles font à l'État n'est pas le fruit d'un abaissement illibéral devant le pouvoir; c'est le sentiment de ce que l'éducation a de noble et de patriotique; c'est la plus haute expression de sa grandeur. Dans ce système, on conçoit l'enseignement, non comme l'œuvre mercantile de la concurrence, non comme une affaire de spéculation et de commerce, mais comme un office public, comme une magistrature qui doit avoir la moralité, la sainteté de la justice!!

Telle était donc, théoriquement parlant, la dernière formule du droit public antérieur à 1789. Ajoutons qu'au 18e siècle elle acquit d'autant plus de vogue et d'à-propos, que l'esprit philosophique et pratique de cette époque s'éloignait des congrégations religieuses, vouées par leur institution à l'éducation de la jeunesse. Quoique soumises à l'action de l'autorité publique par une dépendance dont nous verrons plus tard d'éclatants témoignages, ces congrégations passaient pour conserver des idées de corps et des intérêts contraires aux idées et aux intérêts de la société moderne; on craignait que l'éducation reçue dans leur sein ne fût moulée sur leurs mœurs, leurs habitudes, leurs tendances, et qu'elle ne jetât dans l'État deux sociétés différentes portées à se contrarier (1). On trouvait qu'il était singulier d'attendre le développement de la jeunesse de la part de gens séquestrés du monde et privés de l'expérience nécessaire pour s'y conduire en citoyens, etc., etc. (2). C'est pourquoi, afin de conserver dans l'éducation cette unité de vues et d'intérêts qui fait la force d'une nation, on insistait avec une énergie toute particulière sur le grand principe qui met la puissance publique à la tête de l'enseignement; on lui conseillait de passer du droit à une application radicale et énergique; de ne pas se contenter d'une surveillance souvent insuffisante en présence des sourdes et continuelles résistances; de constituer enfin un corps enseignant homogène et national (3).

(1) Malesherbes, *loc. cit.*, p. 301.

(2) *Id.*, p. 306.

(3) Malesherbes, après l'exposé d'une théorie mûrie par le temps, et dont son époque était en pleine possession, trace un plan d'éducation, et, par une bizarrerie qui serait incroyable si le XVIIIe siècle n'eût été capable de tout en ce genre, il veut que l'on n'enseigne les vérités de la religion qu'aux hommes faits ou prêts à le devenir !! quant aux enfants, il prétend que ces vérités sublimes ne sont pas à leur portée, et que l'ecclésiastique ne peut entrer en fonctions auprès d'eux que lorsque leur première éducation est achevée,

Au reste, ces conseils, dictés par des circonstances contemporaines, partaient plutôt des publicistes que des jurisconsultes proprement dits, qui se contentaient de rechercher le droit et d'en indiquer les bases rationnelles. Après tout, on voit qu'il y avait unanimité entre tous les organes de la jurisprudence, et sur le droit de l'État, et sur la manière de l'expliquer.

La seconde raison qu'on alléguait, avec non moins de solidité, c'est que l'éducation publique se donne nécessairement dans des réunions et assemblées, qui de leur nature ne peuvent exister que par la permission de l'autorité. D'après les lois des monarchies et celles des républiques; depuis les douze tables, les décrets du sé-

*et qu'on a fortifié leurs facultés par l'exercice continuel de leur raison!!!* (Liv. 9, ch. 7, p. 309.)

J'aime mieux, je l'avoue, la méthode recommandée par saint Augustin, éprouvée par l'expérience, et suivie de tout temps, qui met la religion aux avant-postes pour ouvrir l'esprit des enfants, pour s'emparer de leur cœur, pour diriger leur raison; c'est seulement ainsi qu'on fait des chrétiens et qu'on prépare des citoyens vertueux!! Quant à l'inconcevable méthode de Malesherbes, elle est infaillible pour faire des intelligences atrophiées.

nat romain et les édits des empereurs, jusqu'aux ordonnances de nos rois, un caractère d'illégalité était imprimé aux assemblées publiques tenues sans le concours de l'autorité (1).

(1) *Quâ de re*, disait Cujas, *vetus fuit lex* 12 *tabularum et innumeræ constitutiones* (VII, *Observat.* 3).

Voyez Chopin, *Du domaine*, liv. 3, t. 27.

Fevret, *De l'abus*, t. I, p. 81, 91.

Lebret, *De la souveraineté*.

L'avocat général Dumesnil (plaidoyer dans l'affaire des jésuites, p. 10 et 32, édit. de 1594).

Domat (*Le droit public*, liv. 1, t. 2, sect. 2, nº 14) :

« Comme il est de l'ordre et de la police d'un État que tout » ce qui peut troubler la tranquillité publique, ou la mettre » en péril, y soit réprimé, et que, par cette raison, toutes » assemblées de plusieurs personnes en un corps y soient il- » licites à cause du danger de celles qui pourraient avoir » pour fin quelque entreprise contre le public ; celles même » qui n'ont pour fin que de justes causes ne peuvent se for- » mer sans une expresse approbation du souverain : ce qui » rend nécessaire l'usage des permissions d'établir des corps » et communautés ecclésiastiques et laïques.... *universités*, » *colléges*, monastères, etc., etc. »

## CHAPITRE III.

### AUTORITÉS HISTORIQUES INVOQUÉES PAR LES ANCIENS JURISCONSULTES.

A l'appui de ces deux raisons, les jurisconsultes croyaient nécessaire d'invoquer les exemples de l'antiquité, si puissants, à leurs yeux, pour fortifier les coutumes de leur patrie. Chopin (1) recherchait les lois de la Grèce qui avaient soumis les écoles à la surveillance de l'État, celles de Rome qui avaient plié l'enseignement à la centralisation impériale (2). On citait

(1) *Du domaine*, *loc. cit.*

(2) *Junge*, dans la bibliothèque de droit canonique de Bou-

l'expulsion d'Épicure, de Théophraste et autres philosophes, dont les leçons sur la nature des dieux avaient blessé Athènes (1) ; la sévérité des magistrats romains qui, à diverses reprises et avec une impitoyable sévérité, chassèrent les professeurs de rhétorique et de philosophie, et toute cette vaine science qui obscurcissait la raison, faussait le bon sens de la jeunesse et importait des doctrines nouvelles et dangereuses (2) ; la munificence, mais aussi le pou-

chal;, au mot *Collége* (addition), la requête de l'Université de Paris contre le grand-chantre de Notre-Dame.

Voyez aussi le plaidoyer de l'avocat général Dumesnil, *loc. cit.*, . 32 et 33 .

(1) Sur les écoles d'Athènes, voyez Gibbon, t. VII, p. 308 à 314 : il parle de cette expulsion.

(2) Aulu-Gelle, lib. 15, c. 11.

Cicer., *De orat.*, III, 24.

Suet., *De claris rhetor.*, 1.

Pline, XXIX, c. 7.

Caton détestait la philosophie grecque. Lors de la célèbre ambassade des trois philosophes grecs (Diogène, Critolaüs et Carnéade (an 597), Caton dit : « *Donnons-leur ce qu'ils demandent et renvoyons-les promptement chez eux.* »

L'an 591 de Rome, sous le consulat de C. Fannius Strabon et Valerius Messala, un sénatus-consulte chargea le censeur Pomponius de faire sortir de Rome les philosophes

voir des empereurs, qui donnaient aux provinces des écoles publiques, disposaient jusque dans Athènes des chaires de l'Académie et du Portique, et soutenaient la fameuse école de Béryte, dont les professeurs, honorés de priviléges nombreux, recevaient des traitements de l'État (1).

et les rhéteurs grecs. Aulu-Gelle a donné le texte de ce sénatus-consulte.

Quelques années après, les censeurs Cn. Domitius Œnobardus et L. Licinius Crassus prirent un arrêté contre les rhéteurs latins. — Aulu-Gelle le rapporte, et Cicéron y fait allusion, *loc. cit.* On y lit ces paroles : *Majores nostri, quœ liberos suos discere, et quos in ludos, itare vellent, instituerant !!*

Sous le règne de Domitien, les philosophes furent bannis de Rome. Épictète, atteint par ce sénatus-consulte, se retira de Rome à Nicopolis.

Nous verrons tout à l'heure Justinien faire fermer les écoles d'Athènes.

(1) Chopin, *loc. cit. Junge* Gibbon, t. I, p. 164 ; t. III, p. 349 ; t. VII, p. 313.

## CHAPITRE IV.

### LOIS ROMAINES. — RAISON DE L'IMPORTANCE QUE LES JURISCONSULTES LEUR DONNAIENT SUR LA QUESTION DE L'ENSEIGNEMENT.

Ces précédents pouvaient avoir un certain mérite d'à-propos; mais, ce qui était plus grave, au point de vue où nos publicistes se plaçaient, c'était la législation des empereurs convertis au christianisme. En voici la raison :

En se reconstituant sur les débris du moyen âge, la royauté avait eu de longues luttes à soutenir pour ramener à elle dans une unité vigoureuse les divers éléments de la puissance publique, fractionnés et incorporés aux souverainetés locales par la féodalité. Le droit de paix et de guerre, le droit de rendre la justice, de faire des lois, des levées d'impôts, tous les attributs du commandement suprême, après avoir été démembrés par le mouvement féodal et arrachés à cette souveraineté impuissante que la barbarie mérovingienne avait maladroitement imitée de la grande souveraineté impériale, avaient été repris peu à peu par les Capétiens, créateurs d'une royauté nouvelle et d'un pouvoir vraiment national. Dans cette laborieuse régénération, la question avait été presque toujours posée entre le roi et les grands feudataires, entre le gouvernement central et les petits gouvernements qui avaient localisé la souveraineté dans l'étroite enceinte du fief.

Mais, pour ce qui concerne le droit d'enseigner, le débat s'agitait non plus sur le terrain du droit féodal, mais sur le terrain non moins difficile du droit ecclésiastique; car l'enseignement abandonné, dédaigné par les souverains grossiers et violents qui vivaient de la féodalité, était tombé aux mains de l'Église dans ces temps désolés; et il s'agissait d'établir que l'Église, en donnant à l'enseignement des auxiliaires fidèles et zélés, n'avait fait que remplacer le pouvoir temporel dans une affaire de gouvernement. Ici donc, comme dans la célèbre question de la juridiction et des justices ecclésiastiques (1), la controverse venait toucher aux prérogatives réclamées par l'Église ; et dès lors les jurisconsultes, défenseurs nés de la royauté, pensaient que le droit public de la France, que le droit de nos rois, *empereurs dans leur royaume* (2), ne pouvait se régler sur de meilleurs modèles que sur les constitutions des empereurs chrétiens, sur ces lois mémorables que l'Église avait acceptées et honorées, alors que la foi de Jésus-Christ n'avait pas été altérée par de trop hautes prétentions.

Que disaient donc les lois de ces princes ? que disaient les codes Théodosien et Justinien, ces recueils de la sagesse romaine, auxquels présidèrent des empereurs orthodoxes et pleins de zèle pour la religion ?

La loi 5 au C. theod., *De Medicis et professoribus*, est ainsi conçue :

« Magistros studiorum, doctoresque excel-
» lere oportet moribus primùm, deinde facun-

(1) Voyez le mémoire de d'Aguesseau, sur ce sujet, t. V, p. 199 et suiv.;

Et Loiseau, *Des justices ecclésiastiques*.

(2) Expressions de de Thou, *infrà*, ch. 23.

» diâ. Sed quia singulis civitatibus ipse adesse » non possum, jubeo quisquis docere vult, non » repentè nec temerè prosiliat ad hoc munus, sed » judicio ordinis probatus, decretum curialium » mereatur, optimorum conspirante consensu. » Hoc enim decretum ad me tractandum refere- » tur, ut altiore quodam honore, nostro judicio, » studiis civitatum accedat. »

Le choix des professeurs est donc subordonné à la volonté de l'empereur dans toute l'étendue de l'empire. La curie fait subir les examens et présente les candidats. L'empereur les nomme ou les écarte. A l'action pleine et entière du prince ne vient se mêler aucune influence rivale, procédant d'un pouvoir d'un autre ordre.

Je dois faire remarquer cependant que cette loi pouvait donner matière à plus d'une objection. Quel en est en effet l'auteur? c'est Julien-l'Apostat!!! et elle lui fut inspirée par sa haine pour les chrétiens, par sa volonté de les écarter de l'enseignement public (1).

Mais ne pouvait-on pas répondre que si cette constitution avait été un moyen de persécution

(1) Godefroy sur cette loi, dans son très savant commentaire du C. théodosien; et Gibbon, t. IV, p. 408.

et de violence sous un prince ennemi du christianisme, elle était devenue, sous ses successeurs catholiques, une arme très utile contre l'idolâtrie; que le code théodosien en l'adoptant comme sienne, que Justinien en l'insérant dans sa collection (1), l'avaient épurée dans sa source et fait tourner au profit de l'enseignement religieux? S'il y a des lois qui sont mauvaises en elles-mêmes, il y en a d'autres qui ne sont à craindre que par l'abus qu'en peut faire un pouvoir mauvais; mais ôtez la main malveillante qui les appliquait, et rien n'empêchera qu'elles ne trouvent place dans les codes d'un bon gouvernement.

D'ailleurs, cette loi n'est pas un accident passager, dû au caprice d'une volonté tyrannique et haineuse. Elle se lie intimement au droit de la république, soigneusement recueilli par les Césars (2); et tout ce qui nous reste de la législation du Bas-Empire sur l'enseignement public prouve qu'elle n'était que l'expression d'un principe permanent, sans cesse pratiqué et rap pelé.

(1) *De professoribus* et *medicis*, l. 7.

(2) On peut y joindre la loi 1 C. théod., et C. Just., *De professoribus qui in urbe const.*

Écoutons, en effet, Théodose-le-Jeune (1):

« Universis qui usurpantes sibi nomina ma-
» gistrorum, in publicis magistrationibus cellu-
» lisque, collectos undecumque discipulos cir-
» cumferre consueverunt, ab ostentatione vulgari
» præcipimus amoveri ; ità ut si quis eorum,
» post emissos divinæ sanctionis affatus, quæ
» prohibemus atque damnamus, iterùm forte ten-
» taverit, non solùm ejus quam meretur infamiæ
» notam subeat, verùm etiam pellendum se ex
» ipsâ, ubi versatur illicitè, urbe, cognoscat.

» Illi verò, qui intrà plurimorum domos ea-
» dem exercere privatim studia consueverant,
» si ipsis tantummodo discipulis vacare malue-
» rint, quos intra parietes domesticos docent,
» nullâ hujusmodi interminatione prohibe-
» mus. »

Après cette distinction entre l'enseignement public et l'enseignement privé, l'empereur fixe le nombre de professeurs de grammaire, d'éloquence grecque et latine, de jurisprudence, de philosophie ; il soumet les écoles à la surveillance sévère du préfet de la ville, confirmant

(1) L. 3 C. théod., *De studiis liberalib.*, an 425 ; et L. *unic.* C. Just., même titre.

ainsi une constitution de Valentinien I^er^, que je rappellerai ici parce qu'elle prescrit aux étudiants des règles de conduite et de discipline qui furent imitées plus tard par nos universités (1). L'empereur exige de chaque étudiant une attestation du magistrat de sa province; il veut que son nom, sa profession, sa demeure soient inscrits sur le registre public. Il recommande que la jeunesse ne perde pas son temps dans les spectacles et les jeux, et que l'éducation soit finie à vingt ans au plus. Il charge le préfet de la ville d'exercer sa police sur les étudiants. Ce magistrat est investi du droit de punir les paresseux et les indociles par des châtiments et par l'expulsion, et de faire tous les ans au grand maître des offices un rapport sur l'assiduité et les progrès des écoliers, afin de pouvoir les employer utilement au service public (2).

Ainsi donc, le même sytème persévère, se développe et se fortifie. La pensée de l'empereur veut être partout présente pour la direction, la surveillance et la police de l'enseignement.

(1) L. 1 C. théod., *loc. cit.* (an 370).

(2) Godefroy sur cette loi, et Gibbon, t. V, p. 39 et 40.

C'est par ce régime que sont dominées les écoles depuis l'Orient jusqu'à l'Occident, depuis Constantinople et Béryte jusqu'aux écoles gauloises de Trèves, Bordeaux, Autun, Toulouse, Poitiers, Lyon, Narbonne, Arles, Marseille, Vienne, Besançon (1). C'est en vertu de ce droit, aussi ancien que Rome, héritage de la république et apanage inamissible de la souveraineté impériale, que Justinien fit fermer les écoles d'Athènes, suspectes de paganisme (2). Si ce prince voulut, comme ses pieux prédécesseurs, faire servir cette autorité discrétionnaire aux intérêts de la vraie religion, il faut reconnaître toutefois que l'exercice en fut dégagé de tout concours nécessaire et officiel de la puissance spirituelle. L'empire faisait ici les affaires

(1) M. Guizot, *Hist. de la civil.*, t. I, p. 143.

J. Godefroy, dans son savant commentaire du C. théodosien, a donné d'intéressants détails sur les écoles gauloises, sur les villes où elles siégaient, sur les professeurs, sur leurs appointements, sur le degré de l'instruction. On n'y enseignait ni la philosophie ni le droit; il fallait aller à Rome pour ces études (sur la loi XI C. théod., *De medic. et professor.*). Mais on y enseignait la grammaire et l'art oratoire. Quant à l'étendue des leçons du grammairien, voy. Ausone, *De claris professoribus*.

(2) Gibbon, t. VII, p. 316.

de l'Église, mais sans le sacerdoce et par le bras séculier.

Et l'Église, témoin de ces louables efforts, n'eut garde d'accuser les moyens qui servaient à les rendre profitables à elle et à l'État. Elle savait qu'en entrant dans la sphère du gouvernement temporel, elle avait trouvé une organisation préexistante, complète, à laquelle elle avait acquiescé ; que sa mission était d'éclairer les consciences, non de régir les affaires; d'améliorer la société par la prédication, non par le glaive du commandement ; de conseiller le pouvoir, non de le supplanter. « Aliæ sunt le- » ges Cæsarum (disait saint Jérôme, à qui cette » distinction n'échappait pas), aliæ Christi; » aliud Papinianus, aliud Paulus noster præci- » pit (1). » Loin de blâmer, elle approuvait donc ; et le pape Agathon, à la tête du concile de Rome, rendait à Justinien, qui avait sanctionné et rajeuni ces édits, ce témoignage éclatant : « que par sa religion, autant que par sa » sagesse, il avait renouvelé toutes choses et les » avait rétablies dans un état meilleur (2). »

(1) Epist. *ad Ocean.*

(2) D'Aguesseau, t. V, p. 226, *Mémoire sur la juridiction.*

C'est par ces autorités et ces arguments que les défenseurs de l'autorité royale cherchaient à prouver que le droit d'enseigner est purement régalien ; c'est ainsi qu'ils réfutaient l'opinion accréditée dans le moyen âge, comme je le dirai plus tard, et enseignée par les Abbas, les Ancharrani et autres docteurs considérables en droit canon, à savoir, que les universités étaient des corps ecclésiastiques (1). J'ajoute que la discussion se compliquait d'une autre question dont celle-ci n'était, à proprement parler, qu'un appendice ou un incident : je veux parler de la célèbre question : si l'Église est dans l'État ou l'État dans l'Église ? On sait ce qu'en ont pensé nos plus célèbres jurisconsultes, nos magistrats les plus recommandables par leur science et leur piété, les Coquille (2), les d'Aguesseau (3) et autres qui contribuèrent à fixer là-dessus ou à maintenir la jurisprudence des cours souveraines.

(1) Chopin, *Du domaine*, liv. 3, t. 27, n° 12 ; *infrà*, chap. 21. Voir les canonistes *in Clement.* 1 *de magist.*

(3) Sur Nivernais, p. 100.

(3) *Mémoire sur la juridict.* (t. V, *loc. cit.*).

## CHAPITRE V.

### ÉVÈNEMENTS QUI, A LA CHUTE DE L'EMPIRE ROMAIN, FIRENT PASSER L'ENSEIGNEMENT DU CÔTÉ DE L'ÉGLISE.

Mais par quelle suite d'évènements les idées avaient-elles dévié de cette législation théodosienne et justinienne, si fortement empreinte du droit exclusif de la puissance temporelle, jusqu'à une théorie qui, renversant les situations, attribuait à l'Église la haute prérogative de l'enseignement? C'est ce qu'il faut éclaircir par quelques détails.

Je parlais tout à l'heure des écoles gauloises de Trèves, Bordeaux, Toulouse, Lyon et autres, où se donnait l'enseignement officiel sous des professeurs nommés par le prince et amovibles à son gré. Mais ces écoles, après avoir jeté un certain éclat, étaient tombées, vers le v$^{e}$ siècle, dans une entière décadence (1). Les professeurs, païens quelquefois, comme beaucoup de lettrés d'alors, presque toujours chrétiens équivoques et penseurs indifférents, affectaient dans leurs discours le doute académique, qui leur donnait un vernis savant, mais qui les rendait suspects à des convictions ferventes. Leurs leçons, exclusivement consacrées aux lettres anciennes, ne répondaient plus aux vues des pères de famille sur leurs enfants et au mouvement du christianisme sur les idées. Pendant qu'ils tenaient les esprits captifs dans la rhétorique et dans l'ornière de l'éducation mythologique, les hommes avancés du catholicisme, l'éloquent saint Jérôme par exemple (2), saint Paulin (3), poussaient à l'étude des sciences théologiques et ne se souvenaient qu'en tremblant des muses qu'ils avaient adorées dans leur jeunesse. « Pour-

(1) M. Guizot, t. I, p. 149.

(2) Thomassin, t. II, part. 2, liv. 1, ch. 92, n$^{os}$ 7 et 8.

(3) Voyez sa correspondance avec Ausone.

M. Ampère, t. I, p. 281.

Et surtout M. Villemain, *Mélanges*, t. III, p. 448.

» quoi m'engages-tu, o mon père, écrivait saint » Paulin à Ausone, à revenir aux Muses? Les » cœurs voués au Christ sont fermés à Apollon. » Jadis j'invoquais Phœbus et je nommais les » Muses des divinités: maintenant Dieu est la » nouvelle puissance qui gouverne mon âme. Il » réclame un autre emploi de la vie (1). »

D'autres, plus incultes, se vantaient de n'avoir jamais souillé leurs yeux de la lecture des poètes (2)! Ils proclamaient la nécéssité de rompre avec cette littérature d'autrefois, vouée au culte d'une théogonie menteuse, à l'idolâtrie des passions brutales, à la recherche d'une philosophie incertaine et sceptique.—Et, il faut bien le reconnaître, c'est du côté de cette réaction que se trouvait la sympathie des masses : aussi la désertion fit-elle pour les écoles gauloises ce que les édits de Justinien avaient fait pour les

(1) Saint Augustin déplore sa première éducation, dominée par les fables des poètes (*Conf.*, lib. 1, c. 17).

(2) Thomassin, *loc. cit.*, n° 10. Saint Grégoire de Nysse raconte que sa mère éleva ainsi sa sœur Macrine; cette sœur suivit ce système d'éducation à l'égard de Pierre, son frère, devenu évêque.

Saint Antoine n'avait jamais étudié que les Écritures (*id.*, n° 21).

écoles d'Athènes. Elles moururent de cette langueur qui minait le vieux monde, le vieil esprit. Après la conquête des Gaules par les Francs, on n'en trouve plus de traces.

Il n'en est pas de même des écoles que l'Église s'était données pour former les clercs aux lettres religieuses. Celles-là étaient pleines de vie ; elles étaient le centre d'une activité intellectuelle très énergique. On connaît la réputation de l'école ecclésiastique d'Alexandrie, si célèbre par Pantenus, saint Clément, Origène (1) ! L'Église latine en possédait de semblables ; elles étaient établies près des évêques, dans les monastères et dans les paroisses. L'enseignement y était gradué sur les besoins du culte et sur l'âge de ceux qui les fréquentaient. C'est là que l'on formait les clercs, que l'on instruisait les moines, que l'on préparait les vocations pour le saint ministère. Ces écoles avaient pris naissance d'elles-mêmes, dans les temps de lutte où l'Église, en désaccord avec le pouvoir temporel, organisait silencieusement ses moyens de défense et de développement. Puis, lorsque l'empire s'était fait chrétien, la

(1) Thomassin, t. XX, part. 2, liv. 1, ch. 107, n° 1.

force des choses et la confiance des princes les avaient consolidées. Il paraît que, dans les mains des pieux professeurs qui les dirigeaient, l'enseignement religieux s'était souvent donné pour auxiliaire l'enseignement des sciences profanes; car Origène y professait, outre l'Écriture sainte, les mathématiques et la philosophie. Cependant aucune règle générale n'existait à cet égard, et cette extension était subordonnée à l'opinion qui régnait dans chaque diocèse sur l'utilité d'une alliance entre les lettres religieuses et les lettres profanes. Quoi qu'il en soit, il est certain que les plus grandes questions de métaphysique chrétienne étaient agitées dans les écoles des cathédrales et des monastères (1), et, lorsque la rhétorique classique allait se perdre dans les panégyriques, les poèmes descriptifs et les épithalames; la pensée des docteurs de l'Église, préoccupée de soins plus sérieux, touchait à tout ce qu'il y avait de vital dans la société, s'élevait avec vigueur aux plus vastes problèmes (2), et préparait sans relâche une transformation des lettres anciennes en une littérature religieuse,

(1) M. Guizot, *loc. cit.*, 4e, 5e, 6e leçons.

(2) Le libre arbitre, l'immatérialité de l'âme, etc., etc.

mieux adaptée aux tendances contemporaines (1).

Après la chute des écoles municipales, les écoles chrétiennes, qui n'avaient été ouvertes qu'aux clercs, commencèrent à être fréquentées par les séculiers. Toutes choses tendaient alors à devenir religieuses ; l'enseignement subissait la loi commune. Cependant nous apprenons par Grégoire de Tours (2) que, pour se mettre à la portée des jeunes gens destinés au siècle, ces écoles ecclésiastiques avaient des cours de poésie latine, de calcul et de jurisprudence d'après le code théodosien (3). En même temps les conciles excitaient le zèle des curés pour la multiplication des écoles paroissiales. Le deuxième concile de Vaison, tenu en 529, porte à cet

(1) Appollinaris avait déjà donné l'impulsion, lorsque Julien défendit aux chrétiens d'enseigner les lettres grecques. Il composa pour les écoles chrétiennes des imitations d'Homère, de Pindare, d'Euripide, etc., etc. (Gibbon, t. IV, p. 409.)

Cette tentative de transformation, fort active au ve siècle, a été bien décrite par M. Guizot, *loc. cit.*

(2) Cité par Thomassin (*loc. cit.*, ch. 93, n[o] 7).

(3) « De operibus Virgilii, Theodosianæ libris, arteque » calculi apprimè legis eruditus est.» *Gregor. Turon.*, lib. 4, c. 46.

égard les recommandations les plus expresses et les plus sages (1).

Ainsi les écoles ecclésiastiques, loin d'être ébranlées par la chute de l'empire d'Occident et l'érection des monarchies barbares, s'étaient au contraire agrandies de l'héritage des écoles laïques. Elles avaient un enseignement mixte, qui, sans avoir la hauteur des leçons des saint Clément et des Origène, et sans échapper à la décadence intellectuelle d'une triste époque, répondait cependant aux intérêts des populations.

Mais bientôt, à mesure qu'on avance dans l'histoire de la première race, à mesure qu'on descend avec le septième siècle dans cet obscur et douloureux chaos d'où devait sortir, après bien des efforts, la société nouvelle, une grande éclipse couvre de son ombre la littérature, les arts et tous les éléments de la civilisation (2). La royauté était descendue au dernier degré d'abjection et d'imbécillité. Elle avait voulu se faire romaine, et elle n'avait su prendre dans l'institution impériale que le vain for-

(1) Canon 1; Thomassin, *loc. cit.*, ch. 93, nº 1.

(2) *Hist. littéraire de la France*, t. III, p. 423; Crevier, *Hist. de l'Université*, t. I, p. 10.

mulaire de la chancellerie de Bysance et d'impuissantes prétentions. Elle avait voulu se faire religieuse, et elle n'avait su trouver dans la vigueur et la sainteté du catholicisme que des pratiques stériles qu'elle alliait à une débauche effrénée. D'un autre côté, les comtés étaient un théâtre de violences, de force brutale, d'anarchie. L'Église elle-même, faussant ses habitudes, avait ouvert son sein aux désordres les plus déplorables. Les synodes tombaient dans l'oubli, et les élections dégénéraient en combats, en simonies, en usurpations du plus fort. On faisait la guerre pour devenir évêque, tandis que les prêtres se révoltaient contre les prélats. Les ecclésiastiques, livrés à une vie toute matérielle, oubliaient le saint ministère pour l'exercice des armes, pour les plaisirs grossiers et la débauche, pour la chasse, les faucons, les éperviers, les meutes de chiens. Enfin la confusion régnait dans tous les pouvoirs. Les rois voulaient dominer l'Église, l'Église voulait dominer les rois, et les seigneurs prétendaient à la fois s'asservir les rois et s'inféoder l'Église.

Il est inutile de demander ce qu'était devenu l'enseignement au milieu de ce déchaînement de toutes les passions féroces. Les clercs, qui jusqu'alors avaient été les gardiens des lumières échappées à la ruine de la civilisation romaine, laissaient périr de jour en jour ce dépôt. Il n'était pas rare de trouver des évêques étrangers aux connaissances les plus élémentaires, et qui ne pouvaient instruire leur diocèse que par une vie édifiante. Vers l'an 630, lorsque saint Paul fut appelé à l'épiscopat de Verdun, à peine y avait-il un clerc qui sût y célébrer l'office ordinaire et y chanter la messe (1). D'un autre côté, les guerres désastreuses et les tendances vers la vie solitaire dépeuplaient le clergé des villes et détournaient les esprits des habitudes studieuses. Vers 680, les guerres entre Thierry et Dagobert, celles de Pépin et d'Ébroin avaient tellement ravagé le diocèse de Toul et dispersé les prêtres devenus soldats, qu'à la mort de l'évêque Dieudonné, il fallut suspendre l'élection de son successeur (2). Quant à ceux que la tristesse de leur âme et le dégoût d'une société orageuse entraînaient vers les retraites les plus profondes des montagnes et des forêts, ils partaient avec la bêche et le chapelet pour se par-

(1) Calmet, *Hist. de Lorraine*, t. I, p. 402.
(2) *Id.*

tager entre les travaux manuels et la prière, pour défricher les terres incultes et oublier dans de pieuses pratiques les tumultes et les dangers du monde; mais s'ils rendirent de grands services à l'agriculture, s'ils peuplèrent les déserts par leurs établissements et leurs colonies, ils restèrent en dehors de tout mouvement intellectuel ayant quelque portée.

Les écoles ecclésiastiques n'avaient cependant pas disparu (1); mais tous les exercices littéraires en avaient été bannis. La réaction contre les études classiques, dont je signalais tout à l'heure le commencement, avait eu un plein triomphe, soit à cause des malheurs des temps, soit par l'autorité du chef de l'Église; car le pape saint Grégoire-le-Grand, mort en 604, ayant appris que saint Dizier, évêque de Vienne, enseignait la grammaire dans son école cathédrale, le réprimanda en ces termes :

« Pervenit ad nos fraternitatem tuam gram-

(1) On en trouve à cette époque à Metz, Toul et Verdun. En 715, les fils de Drogon donnèrent à l'abbaye de Saint-Arnoû, de Metz, la terre de Vigny, pour l'entretien des lecteurs destinés à l'éducation des jeunes élèves (*Hist. de Metz*, par les bénédictins, t. I, p. 427).

» maticam (1) quibusdum exponere. Quam rem » ita molestè suscepimus, ac sumus vehemen- » tius aspernati, ut ea quæ priùs dicta fuerunt » in gemitum et tristitiam verteremus; quia in » uno se ore cum Jovis laudibus Christi laudes » non capiunt; et quàm grave nefandumque sit » episcopis canere quod nec laïco convenit, ipse » considera (2). »

Ce précepte si favorable à la scission du monde ancien et du monde nouveau, si conforme aux préjugés populaires, n'était que trop bien suivi. Les saintes lettres dans lesquelles saint Grégoire voulait qu'on se renfermât consistaient à apprendre à lire les canons et l'Ancien et le Nouveau-Testament, à administrer les sacrements, à chanter les psaumes (3); et encore ces connaissances pratiques étaient-elles négligées par les clercs livrés aux plaisirs et à la licence. J'en ai donné tout à l'heure des exemples frappants.

(1) Ce mot comprenait plus qu'aujourd'hui. V. Ausone, *De claris professor.*

(2) Thom., *Discipl. de l'Église*, t. II, p. 575, part. 2, liv. 1, ch. 89, nº 3 ; M. Guizot, t. II, p. 120.

(3) Thomassin, *loc. cit.*, p. 577 et 606.

## CHAPITRE VI.

### CHARLEMAGNE. — IL DIRIGE L'ENSEIGNEMENT PAR LE CLERGÉ.

Tel fut l'état des choses jusqu'à Charlemagne. Le règne de ce prince, mémorable à tant d'égards, est surtout pour les lettres une époque intéressante.

Le César germain, pendant son séjour en Italie (1), avait compris l'importance de la culture intellectuelle pour relever ses peuples teutoniques et gaulois. Mais ce n'était pas un

(1) Sirmond, dans Baluze, t. I, p. 148, notice sur la circulaire impériale relative aux écoles.

facile dessein que de la répandre de ce côté des Alpes. D'une part, les hommes manquaient; de l'autre, il fallait soumettre les esprits à une impulsion que repoussaient des préjugés profonds. Charlemagne, génie actif, investigateur, curieux (1), n'était pasde ceux qui séparaient les études religieuses des études profanes et condamnaient celles-ci comme une impiété. Il pensait au contraire que l'enseignement supérieur devait commencer par les lettres humaines pour mieux préparer les esprits à l'intelligence des saintes Écritures (2). L'entreprise consistait donc à réconcilier les études religieuses et les études profanes, et, tout en se servant du clergé, en qui résidait alors la véritable influence morale, à l'arracher à son ignorance grossière, à changer les directions fausses et exagérées qui lui avaient été imprimées, et à allumer dans son sein un foyer de lumières destiné ensuite à éclairer les peuples.

Mais, quelque persévérance qu'exigeât ce grand projet, il n'était pas au-dessus de Charlemagne;

(1) Voyez les réponses qu'Alcuin fait à ses questions dans sa correspondance. M. Guizot, t. II, p. 366.

(2) Thomassin, t. II, p. 621.

car ce prince était fort, lui qui put arrêter son siècle sur la pente de la barbarie, et grouper un instant autour du pouvoir central les forces sociales qui s'en éloignaient. D'ailleurs le clergé lui obéissait; le monarque l'avait accoutumé à entendre la voix du commandement et à sentir la main du pouvoir royal dans les affaires ecclésiastiques; de telle sorte que s'il gouverna ses royaumes par le clergé, le clergé fut gouverné par sa volonté puissante. Enfin de quoi s'agissait-il dans la question de l'enseignement? De ressaisir un moyen de gouvernement détaché de la couronne. Les instincts du génie organisateur de Charlemagne, autant que les souvenirs des Césars romains dont il se croyait héritier, lui disaient que cette question lui appartenait tout entière.

Cette conviction se manifeste hautement dans la circulaire qu'il écrivit à tous les évêques et abbés de son empire, dans le but de leur faire sentir la nécessité d'accorder les belles-lettres avec les lettres religieuses, pour bien comprendre le sens des écritures saintes.

« Cum fidelibus nostris consideravimus utile » esse, ut episcopia et monasteria, nobis Christo » propitio, *ad gubernandum commissa*..., etiam in

» litterarum meditationibus eis qui, donante do-» mino, discere possunt, secundum uniuscujusque capacitatem, docendi studium debeant im-» pendere (1). »

Dès 787, il avait fait venir d'Italie des grammairiens qui devaient concourir à l'exécution des ordres qu'il méditait (2).

En conséquence, par son capitulaire d'Aix-la-Chapelle (3), il ordonna que des écoles seraient établies dans les évêchés et les monastères.

« Ut scholæ legentium puerorum fiant; psal-» mos, notas, cantus, compotum, grammati-» cam, *per singula episcopia et monasteria discant.* »

Il désigne les livres dont il veut qu'on se serve: « Sed soli canonici libri et catholici trac-» tentur, et sanctorum patrum dicta legentur et » tradentur (4). »

Au-dessous de ces écoles, il veut que les curés en forment d'autres dans leurs paroisses pour

(1) Baluze, t. I, *loc. cit.*, p. 148; *Concil. des Gaules*, t. I, p. 121; Thomassin, t. II, p. 621.

(2) V. la note du père Sirmond, dans Baluze, *loc. cit.*; et Crevier, t. I, p. 25, 26.

(3) De 789. *Capitul.*, t. I, p. 237, § 60; *Concil. Francf.*, t. II, p. 152.

(4) Ch. 78; Thomassin, t. II, p. 621.

enseigner gratuitement les premiers commencements de la doctrine chrétienne, et les évêques le secondent en donnant des ordres à ce sujet (1).

Enfin, cette organisation qui ouvrait les sources de l'instruction aux plus basses classes comme aux plus relevées, aux pauvres habitants des campagnes comme aux habitants des cités, était couronnée par l'établissement d'une école impériale formée dans le palais même du souverain et destinée, à ce que l'on croit, à servir de modèle à toutes les autres (2).

C'est là que le célèbre Alcuin fit fleurir les beaux arts et la théologie avec tant de succès, qu'il comparait cette école palatine dont il était le modérateur à une nouvelle Athènes, aussi supérieure à l'ancienne que la doctrine de Jésus-Christ est supérieure à celle de Platon (3). Charlemagne en surveillait la direction, en suivait les progrès, en encourageait les études par

(1) *Presbyteri per villas et vicos scholas habeant*, dit Théodulphe, évêque d'Orléans (Thom., t. II, p. 623, nº 4).

(2) Thom., t. II, p. 631, nº 8; Crevier, *Hist. de l'Université*, t. I, p. 26.

(3) Duboulay, *Hist. Universit. Paris*, t. I, p. 100; Crevier, *Hist. de l'Université*, t. I, p. 27.

ses promesses et ses récompenses. « Efforcez-» vous, » disait-il, dans une de ses visites en Gaule, à des élèves d'une condition médiocre dont il trouva l'instruction plus avancée que celle d'autres jeunes gens d'une naissance plus noble, « efforcez-vous d'atteindre au plus haut » degré, et comptez que je vous donnerai les » évêchés et les abbayes les plus considérables, » et que vous serez toujours chers pour moi (1). » Quant à vous, enfants des premières maisons » de mon royaume, qui avez négligé de m'obéir, » vous avez préféré à l'étude des lettres le jeu, » l'oisiveté, de vains amusements. Je jure par le » roi du ciel que votre noblesse n'est auprès de » moi d'aucune considération, et que si par une » étude sérieuse vous ne regagnez ce que l'indo-» lence vous a fait perdre, jamais vous n'obtien-» drez de Charles aucune faveur (2). »

Tout ce qu'il y avait dans le clergé d'hommes

(1) « Nunc ergo ad perfectum attingere studete et dabo » vobis episcopia et monasteria permagnifica; et semper » honorabiles eritis in oculis meis. »

(2) Le Moine de Saint-Gall, *Hist. de Charlemagne.*

Thomassin, t. II, p. 625; *Hist. litt. de la France*, t. V, p. 614.

Crevier, t. I, p. 31.

intelligents répondit à cet appel du prince avec d'autant plus de zèle qu'il accompagnait de faveurs et de priviléges nombreux le concours donné à ses vues sur l'enseignement (1). On peut citer, parmi les écoles les plus renommées, celles des monastères de Fulde, de Ferrières, de l'église de Reims, etc., etc. Smaragde, abbé de Saint-Mihel, l'un de favoris de Charlemagne, donna un heureux essor aux établissements scolaires du diocèse de Verdun (2).

Dans le diocèse de Metz, un zèle égal porta à un haut degré de splendeur les écoles de la cathédrale, de Saint-Arnoû, de Gorze, de Saint-Vincent. Celles-ci secondèrent surtout Charlemagne pour la culture du chant romain. L'empereur aimait les arts, mais il ne pouvait les comprendre que dans la sphère où ils étaient alors renfermés. On suivait à cette époque, dans les églises des

(1) Témoin les priviléges qu'il accorda à l'évêque d'Osnabruck. Voici la raison qui en est donnée : « Et hoc eâ de » causâ statutum, quia in eodem loco græcas et latinas scho» las in *perpetuum manere* ordinavimus ; et nunquam clerici» cos utriusque linguæ gnaros deesse in Dei misericordia » confidimus. » (Baronius, an. 804, n° 12.)

(2) Calmet, t. I, p. 642.

M. Guizot, t. II, p. 405.

Gaules le chant ambroisien, espèce de cantilène rauque et traînant. Charlemagne avait entendu en Italie le chant grégorien, plus cadencé, plus lié, plus harmonieux ; il résolut de l'introduire dans l'Église gallicane : dans ce but, il se fit donner par le pape Adrien II des maîtres de chant, et créa à Metz une école spéciale pour en répandre la connaissance et le goût. Mais les rudes gosiers des Francs Austrasiens ne se pliaient que difficilement au tour aisé de la musique des Romains ; ils aimèrent mieux la mépriser. Il fallut que la loi vînt prendre parti dans cette querelle, et qu'un capitulaire de Thionville érigeât l'école de Metz en succursale de celle de Rome et en école modèle (1). Ces choses peuvent, aujourd'hui, nous paraître petites. Gardons-nous cependant de les mépriser ; car Charlemagne est là, et il s'agit d'un siècle qui fait de courageux efforts pour briser les chaînes de la barbarie.

En même temps, Charlemagne exigeait que

(1) Le moine d'Angoulême prétend que cette école de Metz était aussi loin de celle de Rome qu'elle était supérieure à celle des Gaules.

Calmet, t. I, p. 521 ;
Sismondi, t. II, p. 323.

les évêques et les abbés lui rendissent compte de l'état de leurs écoles. Ainsi, par exemple, nous avons une lettre de l'archevêque Ledrad, dans laquelle ce prélat donne à l'empereur l'assurance que pour le chant et les divins offices il a rendu son école de Lyon entièrement semblable à l'école du sacré palais (1). Lorsqu'Alcuin, dégoûté de la cour, eut reçu pour retraite la riche abbaye de Saint-Martin de Tours, et qu'il y eut établi une école devenue célèbre sous sa direction, il ne manquait pas non plus de porter à la connaissance du prince la situation des études. Voici un de ses rapports; il ne faut pas s'étonner si l'on y trouve une affectation de bel esprit, plutôt que la sévérité du style administratif: le goût et l'administration étaient également dans l'enfance.

« Aliis, per tecta S. Martini, sanctarum mella » Scripturarum ministrare satago; alios vetere » antiquarum disciplinarum mero inebriare stu» deo; alios grammaticæ subtilitatis pomis inci» piam enutrire; quosdam stellarum ordine » illuminare studeo; plurium plurimis factus,

(1) *Secundum ritum sacri palatii.*
Thom., t. II, p. 631, n° 8.

» ut plurimos ad profectum sanctæ Dei Ecclesiæ,
» et *ad profectum imperialis regni vestri* erudiam (1). »

Il est donc constant que la volonté de l'empereur présidait à ce mouvement intellectuel qui place le IXe siècle si fort au-dessus du VIIe et du VIIIe; qu'elle se sert du clergé comme d'un instrument docile pour ranimer le flambeau des études; qu'elle considère les ecclésiastiques comme les délégués d'un pouvoir qui à la gloire des armes veut ajouter la gloire plus douce des lettres humaines et religieuses. En retrouvant sous ce grand homme les traditions des empereurs romains pour le gouvernement des études, nous devons faire une réflexion importante : c'est que les établissements auxquels Charlemagne impose des règles de discipline, dont il surveille et guide l'enseignement, qu'il soumet à l'école modèle du palais, étaient les séminaires de l'époque, et servaient de pépinière à tout le clergé (2). Nous n'entendons tirer de ce fait aucune conséquence applicable à des époques qui ressemblent si peu au IXe siècle. Ce n'est pas en effet dans ce berceau de la société que nous

(1) Thom., t. II, p. 627.
(2) Thom.

irons chercher la balance des pouvoirs si lente à prendre son équilibre. Mais, dans les recherches auxquelles nous nous livrons sur les droits de la puissance publique par rapport à l'enseignement, nous devions faire remarquer comme un accident très considérable cette direction de l'enseignement religieux par le pouvoir temporel. J'ajoute, à titre d'explication, que puisque l'action du clergé se trouvait mêlée à tous les ressorts du gouvernement, à tous les mouvements de la société, il fallait nécessairement que la puissance temporelle, si elle voulait garder son rang suprême, dirigeât elle-même dans une certaine mesure cette force répandue partout; sans quoi elle fût descendue au rang de subordonnée, au lieu de rester souveraine dans sa sphère. Si donc l'empereur, comme un autre Constantin, était l'évêque du dehors pour les affaires de l'Église, les évêques étaient les ministres de l'empereur pour les affaires de l'État; et un monarque de la trempe de Charlemagne n'acceptait pour auxiliaires que ceux qu'il avait façonnés au gré de sa politique.

---

## CHAPITRE VII.

### DROIT DE LA COURONNE SOUS LES SUCCESSEURS DE CHARLEMAGNE.

Sous ses premiers successeurs, à qui tant de choses furent contestées, le droit de la couronne en matière d'enseignement n'éprouva cependant aucune diminution. Louis-le-Débonnaire s'étant aperçu que, dans plusieurs localités, les éternels préjugés qui placent dans l'ignorance la sauvegarde des mœurs (1) avaient opposé une fâcheuse inertie aux projets de son père, écrivit aux évêques :

(1) Thom., t. II, p. 627, nº 12.

« Vous nous avez promis, et *nous vous avons* » *enjoint*, d'établir des écoles dans des lieux con» venables pour élever et former les enfants et » les ministres de l'Église. Ne négligez pas ce soin » là où il reste encore quelque chose à faire (1). »

Il prescrivit ensuite aux curés de tenir des écoles presbytérales (2) et d'amener au concile de la province quelques-uns de leurs écoliers pour donner la preuve de leur ferveur pour l'enseignement (3).

Enfin, un concile tenu à Paris sous Louis-le-Débonnaire adresse à ce prince une requête ainsi conçue :

« Obnixè ac suppliciter vestræ celsitudini sug» gerimus, ut, *morem paternum sequentes*, saltem » in tribus congruentissimis imperii vestri lo» cis, scholæ publicæ *ex vestrâ auctoritate* fiant, ut » labor patris vestri, et vester, per incuriam » (quod absit) labefactando, non depereat; quo-

(1) Scholæ sanè ad *filios et ministros* Ecclesiæ instituendos vel edocendos, sicut nobis præterito tempore promisistis, *et vobis injunximus* in congruis locis, ubi nedùm perfectum est, à vobis ordinari non negligetur. (Capit., lib. 1, ch. 5.) Thom., t. II, p. 630.

(2) *Mém. du clergé*, t. I, p. 1002.

(3) Thom., p. 630.

» niam ex hoc facto, et major utilitas et honor » sanctæ Ecclesiæ, et vobis magnum mercedis » emolumentum et memoria sempiterna accres- » cent (1). »

Le droit public de cette époque se peint dans cette supplique en caractères saillants. Le concile demande l'érection de trois écoles publiques, et c'est au prince qu'il s'adresse pour les obtenir; il lui porte d'humbles prières et reconnaît que son autorité seule peut en jeter les fondements; il rappelle à Louis la conduite de son père et le supplie de ne pas laisser ébranler l'ouvrage de ce grand prince, ratifiant ainsi et acceptant pour le passé et l'avenir tous les actes de la juridiction temporelle auxquels il a soumis le clergé.

Charles-le-Chauve aussi, s'emparant de ces traditions, prit l'initiative de nouveaux efforts pour rendre les écoles nombreuses et prospères. Les temps étaient rudes. Les ravages des Normands et les guerres intestines détournaient de la culture des lettres. Néanmoins, dans le cours de son règne malheureux, Charles-le-Chauve réussit à donner

(1) Thom., p. 634.

un protecteur aux études. L'école palatine reprit sous ses auspices une nouvelle vie. Tous les grands du royaume y envoyaient leurs enfants pour s'y former aux sciences divines et humaines (1). Jean Scot Érigène, attiré en France par les faveurs de Charles, y professa le grec, la philosophie, la théologie. Les opinions hardies de ce célèbre modérateur de l'école palatine éveillèrent l'attention du pape Nicolas Ier, qui en forma des plaintes auprès du roi (2). On ne sait pas précisément quelle suite Charles-le-Chauve donna à cette réclamation du souverain pontife. Ce qu'il y a de sûr, c'est que le pape ne se considérait pas encore comme l'arbitre et le régulateur des études ; c'est qu'il se borne à faire au roi de simples représentations et à lui adresser de simples prières. Nous verrons dans d'autres temps le saint Siége tenir un langage plus haut et une conduite plus absolue.

En même temps Charles-le-Chauve portait son attention sur les écoles des cathédrales et des monastères, et continuait à exercer sur elles une autorité immédiate. Hincmar rap-

(1) Crevier, t. I, p. 42.

(2) *Id.*, p. 45. Voir sa lettre dans Yves de Chartres.

porte en effet que ce prince nomma un religieux du monastère de Saint-Denis pour enseigner dans l'abbaye de Laon; ce qui fait dire à Thomassin, à ce savant non suspect quand il s'agit des prérogatives du clergé : « On découvre par-là que Charles-le-Chauve se mêlait aussi des écoles des monastères et y nommait quelquefois des professeurs (1). »

Tel fut en effet le droit public des capitulaires. Il est attesté par tous les monuments contemporains; la constante pratique des princes et l'acquiescement du clergé l'élèvent au plus haut degré de certitude.

(1) T. II, p. 636 et 637.

# CHAPITRE VIII.

## AVÈNEMENT DE LA FÉODALITÉ. — DISPARITION DU POUVOIR CENTRAL. — L'ENSEIGNEMENT EST DANS LES MAINS DU CLERGÉ.

Mais lorsque la dégradation des descendants de Charlemagne eut laissé disparaître jusqu'aux derniers vestiges de cette royauté colossale qui avait gouverné l'Europe; la puissance publique, affaiblie et divisée par sa localisation dans les fiefs, descendue des mains royales dans celles des seigneurs, transformée en une propriété patrimoniale des comtes et des ducs, perdit tous les caractères qu'elle avait revêtus dans les idées du monde romain. Le droit féodal prit possession de la société au nom du droit de propriété, qu'il exagéra en l'appliquant à des choses de droit public ; il substitua un système tout nouveau aux principes que le droit rationnel de Rome avait posés sur les fondements de l'État et de la souveraineté.

Quand cette métamorphose s'opéra, elle trouva le clergé en possession de l'enseignement, dont le dépôt lui avait été confié par Charlemagne. L'école palatine avait péri avec le pouvoir qui l'avait soutenue; il n'en existe plus de traces après Louis-le-Bègue et Mannon, son dernier modérateur connu (1). Mais les écoles des cathédrales et des monastères étaient restées debout; elles étaient aussi florissantes que le permettait l'état des lumières (2). Or, les nouveaux souverains érigés par la féodalité n'avaient garde de jeter leurs vues de ce côté. Contents des droits de justice, de guerre, de monnaie et autres, qui ajoutaient à leurs richesses et leur faisaient goûter le pouvoir sous sa forme matérielle et lucrative, ils ne comprenaient rien aux influences morales, au nombre

(1) Crevier, t. I, p. 46.

(2) Calmet, t. I, p. 771 et 860. Vie de Jean de Gorze.

desquelles l'enseignement tient le premier rang. Ils laissèrent donc la propriété de ce grand droit au clergé, qui en sentait seul la puissance pour régir les peuples Dans un temps d'ailleurs où l'État ne se présentait plus comme le faisceau un et indivisible de toutes les forces sociales; où la puissance publique, lacérée en mille fragments, comptait autant de représentants que de propriétaires de ses lambeaux; où les priviléges régaliens, inféodés à titre héréditaire, étaient disséminés çà et là, suivant les bigarrures les plus diverses et les caprices les plus bizarres, il était tout au moins logique que l'Église conservât comme son patrimoine exclusif les écoles dans lesquelles venaient se former tous ceux qui aspiraient au titre de clerc et composaient son immense milice.

Dès la fin du IX^e siècle donc, le droit carlien sur l'enseignement tombe en désuétude; l'enseignement devient l'apanage et le domaine de l'Église; le pouvoir temporel n'y prend aucune part, et, pendant près de quatre siècles, les écoles restent sous la loi et la juridiction des évêques et des papes. Ce n'est, à vrai dire, qu'au XIV^e siècle que les justes et inaltérables prérogatives de la puissance séculière sortent de leur long assoupissement et revendiquent ce qui leur appartient. Arrêtons-nous un moment sur les temps qui ont précédé ce réveil : ce sera l'esquisse du droit qui a dominé l'enseignement pendant l'époque féodale.

---

## CHAPITRE IX.

### ÉTAT DES ÉCOLES SOUS L'INFUENCE DU CLERGÉ.

Dans le cours de la révolution politique qui se dénoue par la chute de la dynastie de Charlemagne et l'inauguration de la dynastie capétienne, les lettres ne s'étaient pas éclipsées comme dans le VII$^{e}$ et le VIII$^{e}$ siècle. La faveur dont Charlemagne les avait environnées avait grandi; le clergé, qui les cultivait, avait mieux compris ce que l'ignorance a de honteux et de funeste, à mesure que les réformes opérées dans son sein pendant le X$^{e}$ siècle avaient rendu ses mœurs plus pures, plus exemplaires et plus fortes. Dans le cercle de son enseignement il s'efforçait d'embrasser toutes les connaissances alors en vogue, la grammaire, la rhétorique, la dialectique, les mathématiques, la médecine et les sciences physiques (1), la musique, la philosophie, le droit (2), la théologie. Aristote, dont on ne connaissait au IXe siècle que quelques ouvrages, était tout d'un coup devenu populaire au XIe siècle, après que le corps de ses ouvrages avait pénétré en France par les Arabes d'Espagne (3). Sa place dans les études était considérable, et, pour mettre les doctrines de ce philosophe païen en harmonie avec la philosophie chrétienne, on se livrait aux plus incroyables efforts de subtilités, de distinctions, de disputes. Les écoles étaient peuplées par une nombreuse jeunesse avide de science, curieuse de toutes les questions hardies que l'esprit humain soulevait sous les étreintes de la théologie.

Je répète que toutes ces écoles étaient ecclésias-

(1) Calmet, t. I, p. 768;
Herder, t. III, p. 387.

(2) Calmet, t. I. p. 860.

(3) Crevier, t. I, p. 89.
*Histoire littéraire*, t. VII, p. 131.

tiques. Ici nous trouvons l'école de Notre-Dame de Paris, autrement dite l'école du Cloître, où Abailard étudia sous Guillaume de Champeaux, archidiacre de la cathédrale; là, c'étaient les écoles de Sainte-Geneviève et de Saint-Victor, alors situées hors de Paris (1); celle de la cathédrale de Reims, célèbre sous Gerbert; de Chartres, sous Fulbert; de l'abbaye du Bec, sous Lanfranc et sous Anselme (2); l'école de l'évêché de Toul, d'où sortirent beaucoup d'hommes distingués (3); de la cathédrale de Metz; des abbayes de Gorze, de Saint-Vincent (4), etc., etc. Les cours y étaient divisés en deux parties : le premier, appelé *trivium*, comprenait la grammaire, la rhétorique, le dialectique, dont la jurisprudence faisait partie; le second se nommait *quadrivium* et embrassait les quatre facultés (5). C'est ce qui nous est attesté par un contemporain pour ce qui concerne l'école de la cathédrale de Toul vers le XIe siècle.

(1) Crevier, t. I, p. 122 (*note*).
(2) Crevier, t. I, p. 111.
(3) Calmet, t. I, p. 1042, 1049, 1177.
(4) *Id.*
(5) Calmet, t. I, p. 1042, 1043, 1177.
Savigny, t. I, p. 359.

Quelquefois c'était l'évêque lui-même qui professait (1); d'autres fois, ce soin était confié à l'archidiacre, ou à des chanoines, ou à des professeurs appelés du dehors à cause de leur réputation. Dans les monastères, l'enseignement était donné par des moines, ou bien aussi par des maîtres séculiers institués par l'abbé. Ces écoles étaient publiques; les écoliers payaient une rétribution, même dans les écoles des monastères. Il est dit en effet de Lanfranc, qu'il établit son école au Bec pour soulager la pauvreté du monastère par les libéralités des écoliers (2).

La police de ces écoles appartenait au supérieur ecclésiastique; il les gouvernait par son autorité morale, ou par des mesures coercitives, et par les excommunications. Dans son territoire, il avait le monopole de l'enseignement et pouvait exclure quiconque se présentait pour enseigner sans sa permission. C'est ce qui arriva à Abailard lorsqu'ayant voulu professer à Laon, en opposition avec Anselme, le docteur des docteurs, dont il avait pris des leçons, ce dernier lui

(1) Fleury, *Traité du choix des études*, ch. 8.

(2) Dubonlay, *Hist. Univers. Paris*, t. I, p. 616. Crevier, t. I, p. 73.

interdit d'enseigner sur son territoire et le força à se retirer (1).

(1) Duboulay, *Hist. Univ. Paris*, t. II, p. 41.

« *Mihi interdixit incœptum glossandi opus*, *in loco* » MAGISTERII SUI, *ampliùs exercere.* »

Crevier, t. I, p. 127.

Abailard prétend cependant que c'était une chicane et qu'elle n'avait jamais été faite à personne : « *Super tàm* » *manifestâ livoris calumniâ*, *quœ nemini unquàm ulte-* » *riùs acciderat.* »

Mais cette accusation me paraît suspecte, et j'ai de la peine à admettre, comme Fleury et d'autres, qu'il y ait eu à cette époque pleine liberté d'ouvrir des écoles !! On a confondu avec la liberté de droit la licence de fait, si facile à concevoir dans un temps dénué de moyens de police et de surveillance, et où le gouvernement, en toute chose, était fort incomplètement organisé ou exercé.

---

# CHAPITRE X.

## DU SCOLASTIQUE OU CHANCELIER.

Dans chaque église ou dans chaque abbaye enseignante il y avait un maître des études appelé scolastique ou chancelier, qui était chargé d'accorder la *licence*, c'est-à-dire, le permis d'enseigner à ceux qui voulaient professer dans l'étendue de sa juridiction (1). C'était la condition indispensable pour se livrer à l'enseignement public, à moins qu'on ne fût disci-

(1) Crevier, t. I, p. 256, 285, 292, 302, 348, 362, 484. Cet auteur reconnaît que dès le XIe siècle la licence était devenue un obstacle à la liberté d'ouvrir des écoles.

ple bachelier d'un maître titulaire, et que, sous sa direction, on ne donnât les leçons publiques exigées comme preuve de la capacité requise pour arriver au professorat (1). Plusieurs chanceliers s'étant mis sur le pied de n'accorder la licence qu'à prix d'argent, divers conciles du XIIe siècle portèrent remède à cet abus, et enjoignirent aux maîtres des études de conférer la licence à ceux qui s'en montreraient dignes, et gratuitement (2). A Paris, c'était le chancelier de Notre-Dame qui était investi de cette prérogative. Dans l'origine, ce dignitaire ecclésiastique avait la prétention de l'exercer d'une manière absolue, de se rendre seul juge de la capacité littéraire et de l'aptitude morale des réclamants, d'astreindre les maîtres à lui jurer obéissance et soumission (3). Ces

(1) Crevier, t. I, p. 131 et 161. C'est ce qu'avait fait Jean de Salisbury.

(2) Concile de Londres en 1138.

« *Magistri scholarum, si aliis scholas regendas com-* » *miserunt, prohibemus ne propter hoc, quidquam ab eis* » *exigant; quòd si fecerint, ecclesiasticæ vindictæ sub-* » *jaceant.* » Duboulay, t. II, p. 155.

*Junge* le concile de Latran en 1179.

(3) Duboulay, t. III, p. 44, 59, 82; Crevier, t. I, p. 285.

exigences furent le sujet de beaucoup de contestations qui se portaient en cour de Rome, et qui furent presque toujours terminées contre le chancelier par la décision du pape, ou de son légat, ou des évêques nommés par lui commissaires arbitres.

D'autres fois, c'étaient des querelles d'école à école, de chancelier à chancelier; par exemple, le chancelier de Notre-Dame soutenait que l'enseignement de la théologie et du droit canon ne pouvait avoir lieu que dans les écoles épiscopale et claustrale situées dans l'île du Palais, et dont l'inspection et l'intendance directes lui appartenaient (1). Au contraire, le chancelier de l'abbaye de Sainte-Geneviève voulait que les maîtres en théologie et en décret, aussi bien que les professeurs des arts libéraux, pussent, en prenant de lui la licence, enseigner sur le territoire relevant de Sainte-Geneviève et compris dans la nouvelle enceinte de Philippe-Auguste. On discutait, on excommuniait, on mettait la montagne Sainte-Geneviève en interdit (2), puis on allait plaider à Rome. C'est à

(1) Crevier, t. I, p. 286 et 292. On en voit un exemple en 1208.

(2) Voyez la querelle entre l'évêque de Paris et Galon,

la suite de ce conflit de prétentions qu'il fut établi que, quoique la théologie et le droit canon continuassent à être enseignés sur la Montagne, le chancelier de l'église Notre-Dame donnerait seul la licence ; le droit du chancelier de Sainte-Geneviève se trouvant restreint aux licences de la faculté des arts (1).

qui professait à Sainte-Geneviève en 1132 (Duboulay, t. II, p. 128, 131 ; et Crevier, I, p. 177). On n'en connaît pas la cause directe. C'était probablement une dispute de prérogatives.

(1) Duboulay, t. III, p. 346 et 351, donne les bulles d'Alexandre IV.

Crevier, t. I, p. 293.

# CHAPITRE XI.

## CÉLÉBRITÉ DES ÉCOLES DE PARIS AU XIIe SIÈCLE. ELLES SE CONSTITUENT EN CORPS.

A partir du XIIe siècle, les écoles de Paris et de Sainte-Geneviève furent le foyer d'une ardeur studieuse qui éleva ces écoles au-dessus de toutes les autres. La jeunesse y accourait de toutes parts, même des pays étrangers, d'Italie, d'Angleterre, d'Allemagne. Les maîtres se multiplièrent en proportion du nombre des disciples; et comme ce concours immense était un sujet de désordres (1), les écoliers (cette ex-

(1) Crevier, t. I, p. 253.

pression comprenait alors les professeurs et les auditeurs) (1) se constituèrent en corporation, suivant l'usage du temps, afin de faire régner parmi eux la discipline intérieure et extérieure, si nécessaire au succès des études (2). Cette association en compagnie n'a pas d'époque fixe; elle ne s'appuie sur aucun acte de l'autorité publique, et fut l'œuvre de la force des choses et des habitudes contemporaines. Il paraît que, du vivant de Matthieu Paris (3), elle était déjà en pleine vigueur (4) (1195). Telle est l'origine cachée de cette grande Université de Paris, la plus ancienne, la plus savante et la plus glorieuse de toutes les universités de France. Elle est sortie des mains du clergé, et son berceau est dans l'église Notre-Dame et l'abbaye de Sainte-Geneviève.

(1) Crevier, t. I, p. 263.

(2) Duboulay, t. II, p. 491; Crevier, t. I, p. 253 et 477. C'est ce que dit l'Université elle-même, dans une lettre qu'elle écrivit aux évêques, le 4 février 1254 (Duboulay, t. III, p. 255; Crevier, t. I, p. 407), au sujet de sa querelle avec les dominicains.

(3) P. 367.

(4) Crevier, t. I, p. 253.

## CHAPITRE XII.

### ORIGINE ECCLÉSIASTIQUE DE L'UNIVERSITÉ DE PARIS.

Les anciens écrivains universitaires ont nié cette vérité. Pour donner plus de lustre à leur corps, ils ont eu la petite vanité de rattacher son existence à Charlemagne et à l'école palatine (1). Telle n'était pas l'opinion du judicieux Pasquier (2) et du sage abbé Fleury (3), qui ont vu à merveille que l'Université de Paris est née de l'école épiscopale de Notre-Dame. En

(1) Crevier, t. I, p. 42, 111, 283, 478, 500.

(2) *Recherches*, liv. 9, ch. 15.

(3) *Traité du choix des études*.

effet, l'origine carlienne de cette université n'est qu'un rêve scientifique, une illusion d'amour-propre entretenue par le préjugé, alors fort à la mode, qui regardait Charlemagne comme le créateur de tout ce que la France avait d'antique et de grand, et comme la source de la plus haute légitimité. Quant à nous, qui n'envions au clergé aucun des services qu'il a rendus à la société, nous nous croirions ingrats si nous lui disputions l'honneur si bien mérité d'avoir jeté les premiers fondements de l'enseignement en France; et, loin de lui reprocher ici, avec Coquille, de s'être *magnifié et exalté aux grandeurs temporelles* (1), nous dirons : Respect à vous, hommes qui avez aimé l'étude quand votre siècle n'aimait que les jeux sanglants de la force brutale! respect à vous qui avez enseigné, quand d'autres croyaient qu'il suffisait de savoir vaincre! En proclamant les droits de l'intelligence, vous êtes entrés dans les voies de Dieu, qui veut que ce soit l'esprit qui gouverne les hommes. Mais par cette initiative vous n'avez pas fait que l'enseignement soit vôtre à jamais; vous avez seulement rendu à la société ce qui lui apparte-

(1) Sur Nivernais, t. V, art. 8.

nait. Ne croyez pas surtout que l'enseignement ait été dans vos mains plus exempt d'écarts qu'il ne l'a été dans des mains profanes. Jamais les écoles n'ont été livrées à des témérités plus bruyantes et à des égarements plus fréquents et plus dangereux que pendant le règne du clergé sur les universités ; jamais les écoliers n'ont eu de plus mauvaises mœurs!!! il y a eu dans les chaires des sophistes, des sceptiques, des novateurs turbulents, on y a entendu les extravagances des nominaux (1), les erreurs d'Abailard sur la Trinité et sur la grâce (2), les subtilités audacieuses de Gilbert de la Porrée (3), les impiétés de Simon de Tournai, nouveau Carnéade, qui, après avoir prouvé avec éloquence les mystères de la religion, se vanta de les détruire le lendemain par de plus forts arguments (4) ; les hérésies d'Amaury de Bène (5) propagateur des doctrines des Albigeois, etc., etc. Aussi, lors

(1) Crevier, t. I, p. 71, 90, 93, 94.

(2) Crevier, t. I, p. 134, 137, 147, 181.

(3) Il était évêque de Poitiers et professeur; *id.*, t. I, p. 193. Fleury, *Hist. ecclésiast.*, t. XIV, p. 635, 661.

(4) Duboulay, t. III, p. 8.
Crevier, t. I, p. 309.

(5) Duboulay, t. III, 24, 35, 48 ;
Et Crevier, t. I, p. 309.

du concile tenu à Vienne en 1311, Durand, évêque de Mende, mettait-il au premier rang des objets qui devaient attirer l'attention de la sainte assemblée la réforme des mœurs des écoliers (1), et celle des études, trop dominées par les vaines et subtiles doctrines de la dialectique, par l'oubli des articles de la foi et la négligence du salut des âmes (2).

Je cite ces faits sans accuser l'organisation de l'enseignement en elle-même, et les impulsions qu'elle recevait de chefs pieux et attentifs; je crois même que la société aurait été bien plus mauvaise si la religion, placée à tous les degrés de son développement moral, n'eût pas été chargée de la gouverner presque exclusivement. Mais puissent ces exemples prouver à tous que là où il y a des hommes, il y a toujours des passions inquiètes et des faiblesses coupables, et que nulle institution humaine n'a le privilége de l'infaillibilité !

(1) Voyez *infrà*, p. 86, sur leur inconduite.

(2) Fleury, *Hist. ecclésiast.*, t. XIX, p. 209; Crevier, t. II, p. 229.

## CHAPITRE XIII.

### L'UNIVERSITÉ SE REND INDÉPENDANTE DU CHANCELIER ET DE L'ÉVÊQUE PAR LA PROTECTION DU PAPE.

A peine constituée en compagnie, l'Université éprouva le besoin, si naturel aux corporations qui sentent leur énergie et leur maturité, de s'affranchir de la tutelle trop étroite dans laquelle le chancelier la retenait par ses entreprises, et l'évêque par ses excommunications. Un pouvoir protecteur s'offrait à elle pour la seconder dans ses vues légitimes d'affranchissement; mais ce n'était pas encore la royauté, faible enfant qui avait plus besoin d'appui qu'elle n'en pouvait donner : c'était la papauté, considérée alors par l'opinion publique comme la puissance réparatrice par excellence. Si l'on réfléchit au grand nombre de doléances qui, de toutes parts, étaient portées à Rome contre les vexations des pouvoirs locaux (1), à la confiance que les intérêts lésés plaçaient dans l'élévation, la piété et la générosité du pape, on sera moins porté à attribuer à une étroite et vulgaire ambition l'idée du saint Siége, de constituer l'Église et l'État en une grande monarchie dont le successeur de saint Pierre devait être le couronnement.

En tant que corporation, l'Université de Paris voulait donc jouir des priviléges que le droit public assurait à tout collége, communauté et corps reconnu. Ainsi, par exemple, elle voulut avoir un syndic pour la représenter devant les tribunaux ; elle l'obtint du pape Innocent III (2).

(1) Piales reconnaît ce fait quoiqu'il n'en comprenne pas la cause ; c'est ce qui lui fait dire : « En conséquence de » la fausse idée qu'on s'était formée de l'autorité du pape, » *on s'adressait à lui pour obtenir des grâces qui ne dé-* » *pendaient que de l'autorité du prince.* » (*De l'expect. des gradués*, t. I, p. 330.)

(2) Duboulay, *Hist. Univ. Paris*, t. III, p. 23. Crevier, t. I, p. 284. Vers l'an 1203.

Elle voulait faire elle-même les statuts concernant sa discipline intérieure (1), tandis que le chancelier de Notre-Dame prétendait la gouverner par ses règlements (2), taxant de *conspiration* tout ce qui était fait de contraire, punissant par les foudres de l'évêque les maîtres et les écoliers, suspendant les professeurs de leurs fonctions, faisant traîner en prison les étudiants récalcitrants. Cette affaire fut vive et prolongée. Enfin, l'Université, soutenue par le légat et par les papes Honorius III et Grégoire IX, obtint une transaction, approuvée en 1228 par bulle du saint Siége, en vertu de laquelle elle fut maintenue dans le droit de faire pour sa

(1) « *Et combien* (dit Coquille) *que, selon les décisions* » *du droict canonique des docteurs, il soit loisible à tous* » *colléges et communautés approuvés de faire statut con-* » *cernant les affaires communes*, toutefois, la cour du » parlement a accoustumé de les réprouver et mettre au » néant. Ainsi elle a jugé le mardi 3 may 1552. » (*Instit. au droict français*, tit. *Du droict de royauté.*)

A l'époque dont nous nous occupons il n'y a pas encore de parlement, et le droit canonique n'a pas encore trouvé de contradicteurs.

(2) Duboulay, *Hist. Univ. Paris*, t. III, p. 83, 93. Crevier, t. I, 287. Vers 1215, 1219, 1228.

discipline des constitutions et statuts obligatoires.

Cette conquête conduisait à une autre. L'Université, qui jusqu'alors (1) n'avait pas eu de sceau et se servait de celui du chapitre placé sous la garde du chancelier, résolut de s'en donner un pour attester son existence indépendante. Grande résistance de la part du chapitre. Le légat du pape, à qui on en réfère, donne gain de cause aux chanoines et brise le sceau de l'Université; les écoliers s'insurgent et viennent, armés d'épées et de bâtons, assiéger le légat dans son hôtel. Enfin, Innocent IV termine la querelle en donnant à l'Université le droit d'avoir un sceau à elle propre et dont elle pût faire librement usage (2).

Ce n'est pas tout : comme corps enseignant, l'Université avait besoin de la sécurité nécessaire pour assurer la continuité et la paix des études ; et cependant cette sécurité était sans cesse troublée par les excommunications qui

(1) Vers 1221 à 1225.
Crevier, t. I, p. 335.
Duboulay, t. III, p. 128, 130.
(2) Crevier, t. I, p. 336.

obligeaient les écoliers à aller plaider à Rome s'ils ne voulaient obtenir l'absolution de l'évêque et du chancelier en payant des amendes satisfactoires (1). Honorius III avait une haute idée de l'école de Paris : il voyait dans cette compagnie « un fleuve propice qui, répandant partout les eaux de sa doctrine, arrose et rend féconde la terre de l'Église universelle (2). » Il défendit en conséquence à qui que ce soit de prononcer l'excommunication contre l'Université en corps, si ce n'est par une commission expresse du saint Siége. Et quant aux excommunications prononcées contre les écoliers individuellement, le pape Innocent III (3), pour leur épargner les frais du voyage de Rome et la

(1) Duboulay, *Hist. Univ. Paris*, t. III, p. 93, et Crevier, t. I, p. 290.

(2) Voir sa bulle de 1218, dans Duboulay, t. III, p. 93 : « *Studium Parisiense, quod doctrinæ suæ fluenta usque-* » *quaquàm diffundens, universalis Ecclesiæ terram irri-* » *gat et fecundat*, etc., etc.

Crevier, t. I, p. 286, 290.

(3) Duboulay, t. III, p. 63.

Crevier. t. I, p. 333.

perte de temps qui en résultait pour les études, donna pouvoir à l'abbé de Saint-Victor de prononcer les absolutions exigées par la circonstance.

---

## CHAPITRE XIV.

### LE PAPE LA PROTÉGE CONTRE LES ENTREPRISES DU POUVOIR CIVIL.

Ce n'est pas seulement contre l'évêque et le chapitre de Notre-Dame que l'Université, à titre de corps public, naissant à la liberté, avait à réclamer l'intervention protectrice du pape. Comme corps ecclésiastique placé en face du pouvoir civil, elle avait aussi des priviléges à défendre et des demandes de secours à présenter au saint Siége. L'Université, en effet, ne comptait dans son sein que des clercs (1); les laïcs

(1) Crevier, t. I, p. 247, 265, 333, 334.

méprisaient l'étude et ne savaient pas lire (1). Or, un des priviléges des clercs était de ne reconnaître d'autre tribunal que celui du juge ecclésiastique ; c'était le droit commun dans toute la chrétienté (2) ; et la cléricature y tenait avec énergie, parce que le for ecclésiastique lui présentait seul les garanties de bonne justice qui se trouvent dans la régularité des formes, les lumières des juges, et le respect de la loi. Quant aux tribunaux laïcs, la barbarie qui les dominait était si grande, la procédure y était si étrangement livrée à la superstition de la force brutale, et le droit si aveuglément sacrifié aux hasards du combat judiciaire, que les clercs ne voyaient pas sans effroi cette juridiction, plus semblable à une arène sanglante qu'au sanctuaire de la justice. Aussi Étienne de Tournai, parlant d'un clerc que l'on forçait à plaider devant un tribu-

(1) Crevier, t. I, p. 247.

(2) Authentique *Habitâ* donnée par l'empereur F. Barberousse, pour l'école de Bologne, en 1158.

Crevier, t. I, p. 260.

Duboulay, t. II, p. 278.

L'empereur s'exprime ainsi : « Habitâ super hæc diligenti » episcoporum, abbatum, ducum omnium, judicum et alio- » rum procerum sacri palatii examinatione. »

nal laïc, disait-il, « qu'il combattait contre des » bêtes, ayant pour juges des hommes qui igno- » rent les lettres et haïssent les lettrés (1). » *Ad bestias depugnat in laïcorum foro, contra* » *laïcum de paterna hæreditate litigans, judices* » *habens eos, qui et non noverunt litteras, et* » *litteratos oderunt.* » Les écoliers étaient donc sous la compétence du juge d'Église, et (ce qui doit être remarqué) sous la compétence du juge d'Église du siége de l'école (2); ce qui avait été établi pour ne pas exposer les écoles à être désertes, par la crainte que leurs suppôts, en cherchant les avantages intellectuels, ne fussent dépouillés, pendant leur absence, de leurs facultés temporelles (3). Quand Philippe-Auguste, par son ordonnance de 1200 (4), et

(1) Lettre à Guillaume de Champagne, archevêque de Sens. Voyez- la dans Duboulay, t. II, p. 501. *Junge* Crevier, t. I, p. 264.

(2) Étienne de Tournai, au même.

Décrétale de Célestin, de 1194.

Crevier, t. I, p. 262, 263; t. II, p. 498.

(3) Ét. de Tournai, *loc. cit.*

(4) Crevier, t. I, p. 277 et 279.

Duboulay, t. III, p. 2, donne le texte de l'ordonnance du roi.

saint Louis, par son ordonnance de 1228 (1), confirmèrent ce privilége, ils n'octroyèrent pas une faveur nouvelle; ils ne firent que ratifier un droit préexistant, généralement établi et reconnu, et qui partout où l'on étudiait, en France aussi bien qu'en Italie, était considéré comme la sauvegarde des écoles.

Mais les écoliers, quoique revêtus de l'habit ecclésiastique, n'en conservaient pas toujours dans leur conduite la décence et la tenue. Leurs querelles avec les bourgeois étaient fréquentes; ils portaient des armes; ils enfonçaient les portes des maisons; ils enlevaient les femmes et les filles (2). A Paris surtout, où la jeunesse était très nombreuse, il y avait maintes fois des

(1) Crevier, t. I, p. 330.
Duboulay donne le texte, t. III, p. 131.

(2) Duboulay, t. III, p. 95.
Crevier, t. I, p. 334.
Ord. de l'official de Paris de 1218 où on lit:
« Nonnulli clerici et scholares, suæ salutis immemores,
» Deum non habentes...., qui vitam scholasticam se ducere
» fingentes, illicitos et facinorosos actus, sæpè et sæpiùs,
» armorum confidentiâ confisi, perpetrant et exercent. Vide-
» licet quod, de die et nocte, multos vulnerant, et cæteros
» interficiunt, mulieres rapiunt, opprimunt virgines, hos-
» pitia frangunt, nec non latrocinia committendo, etc., etc. »

rixes, des batailles, des méfaits réciproques. Le prévôt, gardien de l'ordre public, intervenait; il traitait les écoliers comme des perturbateurs ordinaires. Alors l'école jetait des cris de douleur et de menace; elle élevait des conflits de juridiction, et quand elle n'obtenait pas justice du roi (1), elle recourait au pape, et, en attendant, elle ordonnait la cessation des cours, pensant que ce silence des études était pour le pouvoir la plus sévère leçon (2). Le pape adressait alors un bref au roi pour lui représenter la gloire de la science, l'utilité des lettres, l'excellence de l'Université de Paris; il l'engageait à user de ménagement et de conciliation, afin de terminer l'affaire; sans quoi il l'arrangerait lui-même de sa propre autorité (3). Puis il

(1) Elle l'obtint de Philippe-Auguste, qui châtia le prévôt, ordonna qu'à l'avenir chaque prévôt de Paris entrant en charge jurerait d'observer les priviléges de l'école; voulut que pour quelque délit que ce pût être le juge laïc ne pût arrêter les écoliers qu'à la charge de les mettre sur-le-champ dans les mains du juge ecclésiastique. (Crevier, t. I, p. 279, 280.)

(2) Voyez un exemple sous Philippe-le-Bel (Crevier, t. II, p. 147) : l'Université obtint justice des entreprises du prévôt, qui fut déposé.

(3) « Quocircà excellentiam vestram rogamus attentiùs,

nommait des commissaires, qui négociaient et obtenaient du roi les satisfactions réclamées par la cour de Rome (1).

» et monemus et exhortamus in Domino, quatenùs benigni-
» tatis prædecessorum vestrorum inhærentes vestigia, *ob*
» *reverentiam apostolicæ sedis et nostram*, ipsos pleniùs ad-
» mittatis in gratiam regiam.... *Ne si secùs egeritis*, quod
» non credimus, *sapientiam et benignitatem*, sine quibus
» vix potentiæ unitas potest persistere, *videamini abje-*
» *cisse*, ac nos, *qui regnum ipsum* hactenùs cœlitùs bene-
» dictum, ut dedecoretur a dedecore hujusmodi non *possu-*
» *mus æquanimiter tolerare*, *super hoc providere aliter*
» *compellamur*. » Ainsi parle Grégoire IX dans son bref de 1229 à la reine Blanche, rapporté par Duboulay, t. III, p. 135.

Crevier, t. I, p. 345.

(1) C'est ce qui arriva sous saint Louis, à la suite du bref dont j'ai parlé.

Crevier, non suspect en cette matière, dit : « Ce fut le
» pape *qui fut proprement le juge*, *qui fit la loi*, *qui dé-*
» *cida* : tel était le pouvoir qu'exerçait alors le souverain
» pontife. » (T. I, p. 345.)

# CHAPITRE XV.

## PREUVES QUE PENDANT PLUSIEURS SIÈCLES LE DROIT D'ENSEIGNER APPARTINT A L'ÉGLISE.

Maintenant il ne me reste plus que quelques faits à résumer brièvement pour terminer ce que j'avais à dire sur l'époque religieuse du droit d'enseigner, et pour montrer qu'en cessant d'être purement épiscopal, ce droit ne fit pas encore retour aux mains de l'État, mais qu'il passa du côté du souverain pontife et devint, pour ainsi dire, papal.

C'est, en effet, le pape qui est le législateur des écoles (1). En 1207, Innocent III, craignant

(1) Crevier, t. I, p. 294, le reconnaît encore.

les inconvénients d'un trop grand nombre de professeurs de théologie à Paris, réduit le nombre des chaires à huit, à moins que le besoin bien constaté des études n'en exige un plus grand nombre (1).

En 1215, nous voyons Philippe de Courçon, légat du saint Siége, donner à l'Université de Paris un règlement fondamental (2), déterminer les conditions d'idonéité pour être admis à enseigner, conditions qui sont devenues le principe des degrés académiques et des exercices nécessaires pour les obtenir; spécifier les livres permis et les livres défendus, et, par exemple, ordonner la lecture de la Dialectique d'Aristote, de la Morale du même philosophe, du quatrième livre de ses Topiques; interdire la lecture de sa Métaphysique et de sa Physique; enfin, régler le costume et la discipline. Les titres que Robert de Courçon se donne pour procéder à ces actes éclatants de juridiction n'impliquent en aucune manière le concours de l'autorité civile :

« Noverint universi quod cum D. papæ *spe-*

(1) Duboulay, t. III, p. 36. Crevier, t. I, p. 315.

(2) Duboulay, t. III, p. 81. Crevier, p. 296 et 297.

» *ciale habuissemus mandatum*, ut statum pari» siensium scholarum in melius reformando im» penderemus operam efficacem, nos, de *bonorum* » *virorum consilio*, scholarum tranquillitati vo» lentes providere, *ordinavimus*, etc., etc. »

En 1220, le pape Honorius III, jaloux de conserver aux études théologiques leur suprématie, bannit de l'Université de Paris l'étude du droit civil (1).

Le 13 avril 1231 (2), Grégoire IX développe le règlement de Philippe de Courçon, prescrit divers articles de police et de discipline, concilie les droits du chancelier avec la liberté de la compagnie, reconnaît à l'Université le droit de

(1) Duboulay, *Hist. Univ. Paris*, t. III, p. 96.
Crevier, t. I, p. 315, 316.
Pasquier, *Recherches*, liv. 9, ch. 37.
Voici le texte de sa bulle : « Firmiter interdicimus et » districtiùs inhibemus Parisiis, vel in civitatibus seu aliis » locis vicinis quisquam docere vel audire jus civile præsu» mat, et qui contrà fecerit, non solùm a causarum patro» ciniis interim excludatur, verùm etiam per episcopum loci » excommunicationis vinculo innodetur. » Voyez aussi *Decret. Gregor.*, lib. 5, tit. *De privilegiis*.

(2) Duboulay, t. III, p. 140.
Crevier, t. I, p. 348.

faire des statuts pour son gouvernement intérieur et de suspendre ses leçons si elle est lésée; défend le port d'armes aux écoliers; fixe la durée des vacances à un mois; confirme la défense d'enseigner la Physique d'Aristote, jusqu'à ce qu'elle soit corrigée et purgée de tout soupçon d'erreur, etc. Il est vrai que dans sa bulle le pape parle du roi de France, son illustre et très cher fils; mais c'est seulement pour l'engager à confirmer les priviléges et exemptions reconnus aux écoliers par Philippe-Auguste (1).

En 1233, le même pape Grégoire IX rend une bulle pour ériger l'Université de Toulouse; il lui accorde les priviléges dont jouit l'Université de Paris, et particulièrement celui d'enseigner partout sans nouvel examen ni institution (2).

En 1247, Jean de Brès, qui professait la logique, ayant enseigné des erreurs sur la lumière, le légat du pape, assisté du chancelier et des docteurs en théologie, lui fait défenses d'ensei-

(1) Duboulay, t. III, p. 142 et 143.

(2) Duboulay, *Hist. Univ. Paris*, t. III, p. 149, 150.
Crevier, t. II, p. 89.
Pasquier, *Recherches*, liv. 9, ch. 37.

gner et le bannit de la ville et du diocèse de Paris (1).

En 1280, le pape Nicolas III confirme le privilége des professeurs de l'Université de Paris, d'enseigner en quelque lieu que ce pût être sans nouvel examen ni nouvelle institution (2).

En 1283, les finances de cette même Université sont réglées par le pape Martin (3).

En 1289, Nicolas IV érige l'Université de Montpellier, en accordant à l'évêque la faculté de faire les docteurs après les avoir examinés, et de gouverner la discipline de cet établissement (4).

Enfin, vers le milieu du XIIIe siècle, une querelle s'étant élevée entre l'Université de Paris et les ordres mendiants des franciscains et des dominicains, sur la possession d'un certain nombre de chaires de théologie à Paris, c'est le pape qui la termine de son autorité souveraine. Voici ce dont il s'agissait. L'Université

(1) Crevier, t. I, p. 386.

(2) Duboulay, t. III, p. 449;
Et Crevier, t. II, p. 88.

(3) Crevier, t. I, p. 482, 483.

(4) Thomassin, t. II, p. 651.
Duboulay donne le texte de la bulle, t. III, p. 488.

de Paris, corps ecclésiastique séculier, voyait avec ombrage le clergé régulier pénétrer dans ses rangs. Elle pensait que l'association des séculiers et des réguliers nuit à l'intérêt commun, parce que ces derniers obéissent à des lois spéciales, à des mobiles particuliers qui en font un corps dans un corps et sont un sujet continuel de froissement pour l'association dans laquelle ils n'entrent qu'à demi (1). D'ailleurs on commençait déjà à parler de l'ambition des nouveaux ordres religieux (2), de leurs tendances à capter les richesses temporelles, et à absorber les droits des ordinaires pour la prédication et la confession (3), etc., etc., et l'Université de Paris n'en était que plus portée à craindre de se donner des maîtres en croyant ne prendre que des auxiliaires (4). Cependant,

(1) Crevier, t. I, p. 410.

(2) Témoin Matthieu Paris. V. aussi les plaintes des évêques dans Crevier, t. II, p. 102, 154. — Fra Paolo nous apprend qu'au concile de Trente les évêques réitérèrent leurs plaintes (p. 152).

(3) Crevier, t. I, p. 392, 393; Duboulay, *Hist. Univ. Paris*, t. III, p. 248.

(4) Duboulay appelle cet événement : « *turbatio Universitatis à mendicantibus.* »

comme les ordres mendiants renfermaient des hommes d'un mérite supérieur, l'Université voulait se montrer généreuse envers le talent. Elle consentait donc à leur accorder une certaine part dans les chaires de théologie (1). Mais ce n'était pas assez pour les prétentions de ces ordres ; ils refusèrent de se soumettre. Alors l'Université rendit un décret qui les retranchait de son corps et privait de leurs chaires leurs professeurs intrus (2).

A ce coup d'autorité, les moines jetèrent les hauts cris. Ils accusèrent l'Université d'impiété, et la dénoncèrent au roi comme ayant formé des conspirations illicites contre les lois du royaume : « Statuta contra Deum et universa-» lem Ecclesiam edidisse, nec non conspiratio-» nes illicitas contra D. regis honorem et regni » commoda, quod absit, perpetrasse (3). » D'un autre côté, ils s'adressèrent au pape pour obtenir leur rentrée dans le corps universitaire (4). Je

(1) Crevier, t. I, p. 397 ; décret de l'Université de 1252 ; V. surtout Duboulay, *Hist. Univ. Paris*, t. III, p. 245.

(2) Crevier, t. I, p. 401.

(3) Expressions empruntées aux plaintes de l'Université elle-même. Duboulay, t. III, p. 255.

(4) Duboulay, t. III, p. 257.

Crevier, t. III, p. 402.

ne veux pas entrer dans les détails de ce long et orageux procès. Je me bornerai à dire qu'il fut traité juridiquement en cour de Rome (1) auprès des papes Innocent IV et Alexandre IV; que ce dernier rendit quarante bulles avant de le terminer (2) ; qu'enfin les religieux triomphèrent auprès du saint Siége, et que l'Université, malgré sa vigoureuse et opiniâtre défense, malgré ses plaintes à tous les évêques dont elle invoquait l'appui (3), fut obligée de se soumettre (4). Ce procès est moins remarquable pour nous parce qu'il est le premier qui se soit élevé entre l'Université et les ordres religieux, que

(1) Crevier, t. I, p. 408.

(2) Crevier, t. I, p. 470, 471, 472.

(3) Sa lettre est du 4 février 1254, dans Duboulay, t. III, p. 255. Crevier, t. I, p. 408.

(4) Ses professeurs furent même persécutés. G. de Saint-Amour, son plus zélé défenseur, fut exilé par le pape. Le roman de la Rose, écrit à cette époque, en parle en ces termes :

« Estre banni de ce royaume
A tort, com' maistre Guillaume
De Saint-Amour, qu'hypocrisie
Fit exiler par grand' envie !! »

La bulle du pape Alexandre IV se trouve dans Duboulay (t. III, p. 342, 343). Le saint Père donna connaissance de

parce qu'il prouve que la juridiction du pape était la seule compétente pour les difficultés relatives au droit d'enseigner. On a vu, en effet, une distinction capitale dans cette affaire : si les dominicains portent au roi les plaintes de conspiration contre la paix publique, c'est le pape qui est saisi de tout ce qui concerne l'érection des chaires et le droit de les occuper.

sa décision au roi saint Louis par une bulle dans laquelle on voit une preuve bien éclatante de la suprématie laissée au pouvoir ecclésiastique par le pouvoir séculier, en matière d'enseignement. Car le pape rappelle à saint Louis que c'est à sa demande expresse qu'il a prononcé sa sentence contre Guillaume de Saint-Amour : « *Cum igitur nos celsitudo » regia rogaverit, sicut à tuâ credimus memoriâ non » elapsum, ut eidem Guillelmo prædicti regni interdice- » remus ingressum, et nos faciendum duxerimus.* »

(Duboulay, t. III, p. 343.)

## CHAPITRE XVI.

### RAISONS DE CET ÉTAT DE CHOSES.

Tel était donc le droit public de cette époque. Il serait aussi facile que surabondant d'en multiplier les preuves.

Pour expliquer un ordre de faits si éloignés de nos mœurs, il n'est pas nécessaire de recourir au reproche banal d'usurpation, comme l'ont fait Loyseau et autres, dans leurs controverses sur les droits respectifs de l'Église et de l'État. L'usurpation ne saurait rendre compte d'une combinaison politique qui a eu pour elle de si longues années de possession paisible et d'acquiescement populaire. Nous écarterons donc une expression blessante et injuste, sans toutefois nous étonner qu'elle se soit trouvée sous la plume des jurisconsultes éminents que nous venons de citer; car ils vivaient au plus fort d'une lutte soutenue contre les débris du moyen âge ecclésiastique au profit des intérêts modernes; et, dans la chaleur du combat, les esprits les plus fermes peuvent se laisser entraîner à des mouvements passionnés. Pour nous, société du XIXe siècle, qui avons trouvé ces questions depuis longtemps et définitivement résolues dans un sens conforme à la marche naturelle de la civilisation, nous pouvons en parler avec plus d'impartialité et remuer sans colère et sans crainte une cendre refroidie.

Or, dans cette période de quatre cents ans que nous venons de parcourir, ce qu'il y a surtout de remarquable, c'est que la théologie est le but constant de tous les efforts intellectuels. Sous saint Louis, il y avait douze chaires de théologie à Paris, et c'était déjà peu, comparativement à ce qui avait eu lieu auparavant (1).

(1) Crevier, t. I, p. 396.

Toutes les autres sciences venaient aboutir à la théologie. On n'apprenait, en général, la rhétorique, la dialectique, la philosophie et le droit, que pour exceller ensuite dans la théologie (1). Est-il étonnant, dès lors, que la théologie ait entraîné à Rome, dont elle relevait, les autres branches des connaissances humaines qui étaient ses satellites ?

De plus, si on étudiait, c'était presque toujours pour l'Église et par l'Église. Et comme la milice enseignante et la milice studieuse se recrutaient dans les rangs du clergé (2), on considérait l'enseignement comme une branche du gouvernement de l'Église, plutôt que comme une branche du gouvernement de l'État. Qu'était-ce d'ailleurs que l'État, sinon une chrysalide qui, au moins en ce qui concerne l'enseignement, n'avait pas encore percé son enveloppe ? L'impulsion, la haute direction sociale venaient de l'Église, et il était communément reçu, parmi les esprits élevés, que les deux glaives appar-

(1) Abailard, qui fut maître en tant de choses, se fit écolier sous saint Anselme pour devenir théologien et être docteur dans une science qui seule faisait les hommes complets.

(2) Crevier, t. I, p. 247.

tenaient au pape qui avait placé le glaive temporel en dépôt dans les mains des princes (1).

Il faut donc le reconnaître : le moyen âge a sans cesse passé d'une extrémité à l'autre sur la question des deux puissances. Sous Charlemagne, l'État domine l'Église. Plus tard, l'Église domine l'État. C'est que la séparation du spirituel et du temporel n'est pas une idée à la portée de toutes les époques. Ce grand principe fut entièrement inconnu du monde ancien. Proclamé pour la première fois par l'Évangile, il a dû surtout son développement pratique aux catholiques gallicans, qui, animés à la fois d'un dévouement patriotique pour le souverain et d'un respect religieux pour le saint Père, ont cherché l'union des deux royaumes dans leur indépendance, et leur indépendance dans la précision rationnelle de leurs limites.

Maintenant nous allons passer à un autre or-

(1) Jean de Salisbury l'enseigne positivement dans son ouvrage de politique et de morale intitulé : *Policraticus* (liv. 4, c. 31). Cet écrit est dédié à Thomas de Cantorbery, chancelier d'Angleterre. L'auteur était élève de l'Université de Paris et y avait passé presque toute sa vie (Crevier, t. I, p. 235). Il devint évêque de Chartres et mourut en 1180 (*id.*).

dre de faits, et nous allons voir *comment la chance tourna* (1).

(1) Expressions de Loyseau (*Des seigneuries*, chap. *De la justice ecclésiast.*).

---

## CHAPITRE XVII.

### COMMENCEMENT DE LA SÉCULARISATION DE L'ENSEIGNEMENT AU XIV$^{e}$ SIÈCLE.

Le XIV$^{e}$ siècle avait commencé sous Philippe-le-Bel, dont le nom est resté fameux dans la question des rapports de l'Église et de l'État. La pensée de ce règne fut dirigée par la double nécessité de constater énergiquement la supériorité de la couronne sur les pouvoirs féodaux, et son indépendance temporelle par rapport à l'Église. Au milieu du mouvement théologique, une classe d'hommes était sortie des universités, qui avait puisé, dans les livres du droit romain, les théories impériales sur le gouvernement d'un seul et sur la raison d'État. Ces hommes, appelés légistes, s'étaient naturellement attachés à la royauté, et, pour prix de leur dévouement, ils en étaient devenus les conseils, les ministres, les officiers. C'était dans leurs doctrines que la couronne allait chercher des moyens juridiques pour briser les contre-poids de la féodalité, et pour contenir dans la ligne spirituelle l'influence du clergé. Cet esprit des légistes s'était d'ailleurs personnifié, régularisé, dans les parlements devenus sédentaires; et ces grands corps, institués pour rendre la justice, n'avaient pû s'empêcher de faire de la politique, alors que tous les éléments du gouvernement politique étaient constitués sur la base du droit de propriété. De là étaient sortis, du temps de Philippe de Valois (1), les appels comme d'abus, moyen habile de traduire sous l'œil de cette justice nationale, ferme et éclairée, les prétentions de l'esprit ultramontain. Ce recours judiciaire avait été vu de mauvais œil par la puissance ecclésiastique, et le mot de persécution, dont il ne

(1) En 1329.
Crevier, t. II, p. 310.
Loyseau, *De la justice ecclésiastique*.

faut pas être trop prodigue, avait été prononcé: *In illâ persecutione quam tum habuit Ecclesia gallicanâ* (1). Puis, passant de la plainte à la caricature, elle représenta dans l'église de Notre-Dame de Paris, sous une figure grotesque de marmouset, Pierre de Cugnière, inventeur des appels comme d'abus, « bien que l'histoire du »temps, dit Loyseau (2), nous témoigne que »c'était un grand personnage qui avait beau»coup de créance envers le roy. » Quoi qu'il en soit, l'idée du célèbre magistrat resta; elle fit fortune. Armée de vigoureuses sanctions, elle devint l'instrument le plus efficace de la puissance temporelle pour ressaisir ses justes et naturelles prérogatives. J'irai même jusqu'à dire qu'elle rendit au clergé un immense service, celui de formuler et de réduire en pratique ces précieuses libertés de notre Église, qui, loin d'être un schisme, comme on a osé le dire malgré Bossuet, ont, au XVIe siècle, sauvé le catholicisme dans notre patrie. Car, pour ma part, je suis pleinement convaincu que si la France ne suivit pas l'Angleterre et l'Allemagne dans le mou-

(1) Par l'évêque d'Autun (*Mém. du clergé*, t. VI. p. 20).

(2) *De la justice ecclésiastique*, n° 74.

*Junge* le *Dialogue des avocats*, de Loisel.

vement de la réforme; si, fidèle à son union avec Rome, elle ne se fit pas protestante, c'est en grande partie parce qu'elle fut gallicane, et que, grâce à ses libertés, une révolution religieuse n'avait rien qui pût flatter ses intérêts.

D'un autre côté, en même temps que la puissance temporelle, mieux éclairée sur ses droits et plus digne de les exercer, contrebalançait la prépondérance politique du clergé, il arrivait que, dans le domaine de l'intelligence, les autres ordres de l'État rivalisaient avec lui d'émulation, et lui enlevaient le monopole exclusif de la culture des lettres. L'étude, en effet, trouvait la noblesse moins dédaigneuse et la bourgeoisie plus empressée : celle-là parce qu'elle perdait de son indépendance farouche, celle-ci parce qu'elle croissait en liberté civile. Les professions laïques s'étaient multipliées; la médecine, le barreau, la magistrature, le notariat, n'étaient plus l'apanage des clercs. D'ailleurs la cléricature perdait de son extension exagérée. Dans l'origine, les priviléges ecclésiastiques avaient été prodigués à quiconque se faisait tonsurer et portait l'habit clérical (1); et comme ces privi-

(1) Loyseau, *Des justices ecclésiast.*, n° 58.

éges étaient nombreux et recherchés, tout le monde voulait être clerc, même les hommes mariés, même ceux qui avaient le moins de vocation pour le saint ministère. Mais la fureur de cette mode s'était fort attiédie depuis que les lois de l'État avaient enlevé aux clercs mariés les priviléges de la tonsure et de l'habit ecclésiastique, pour ne les réserver qu'aux clercs investis des ordres sacrés (1). Enfin, les études étaient beaucoup moins dominées par les préoccupations théologiques et par les intérêts cléricaux; les lettres se sécularisaient; les intérêts laïques avaient dans les universités un grand nombre de maîtres et d'élèves qui les représentaient.

Tels sont les faits généraux dont le développement successif occupe le XIV^e et le XV^e siècle.

(1) Une ordonnance de 1274, de Philippe-le-Hardi, voulut que les clercs mariés fussent taillables ainsi que les purs laïcs.

Le privilége de la justice ecclésiastique subsista cependant jusqu'à l'ordonnance de Roussillon, au profit des clercs mariés, pourvu qu'ils portassent la tonsure et qu'ils fussent vêtus cléricalement. Mais l'ordonnance de Roussillon (janvier 1563, Charles IX, art. 21) ne donna le privilége de la justice ecclésiastique qu'aux sous-diacres.

Loyseau (*Des justices ecclésiast.*, n^os 58, 59, 60).

Voici maintenant les changements dont fut affecté le droit d'enseigner par suite de leur influence.

Le pape Clément V (Bertrand de Got) qui avait fait à Orléans de savantes études en droit civil, voulant témoigner sa reconnaissance envers cette école, l'érigea en université dans les années 1306 et 1307, et lui communiqua les priviléges, exemptions et droits dont avait été investie l'Université de Toulouse, en 1233, par le pape Grégoire IX (1). — A la publication des bulles du pape, les bourgeois d'Orléans, croyant avoir à se plaindre des priviléges des écoliers, commirent des violences et des excès; et un arrêt du parlement de l'année 1310 sévit contre eux par des peines sévères. Mais il paraît que cet arrêt ne fut pas mis à exécution (2) : c'est pourquoi les professeurs de l'école d'Orléans portèrent plainte au roi. C'était Philippe-le-Bel qui régnait alors. Ses querelles avec Boniface VIII l'avaient rendu ombrageux sur les droits de sa couronne; et il voyait avec peine les papes accorder des priviléges aux corporations existantes dans son royaume. Il se fit donc beaucoup

(1) Crevier, t. II, p. 215, 216 et 217.

(2) Duboulay, t. IV, p. 104.

prier pour condescendre aux demandes des professeurs d'Orléans. Enfin, après bien des refus et des longueurs, il consentit à avoir égard à leur requête (1); mais, pour conserver intactes les prérogatives royales, il casse l'Université créée par le pape, parce qu'elle est une cause de désordre et qu'elle n'a pas été confirmée par son autorité (2). En même temps, par son ordonnance de 1312, il la rétablit de son propre mouvement sous le titre d'*étude générale*, voulant qu'elle subsiste à perpétuité dans la ville d'Orléans pour l'un et pour l'autre droit seulement, et avec défense d'enseigner la théologie (3). Par une autre ordonnance du même jour, il accorde à cette école plusieurs des priviléges concédés par le pape, il en modifie d'autres (4),

(1) Duboulay, *loc. cit.*

(2) « Destitui Universitatem hujusmodi, quia causam » huic scandalo præstabat, *nec fuerit auctoritate nostrâ* » *subnixa*, *tolli decrevimus.* »

(3) Duboulay, t. IV, p. 103, 104.

Crevier, t. II, p. 218.

(4) Par exemple, celui de former corps. Il défend aux étudiants et professeurs de faire corps et de faire aucun statut, si ce n'est pour les études. (Ord. du Louvre, t. I, p. 510.)

Duboulay, t. IV, p. 105.

et, ce qui est remarquable, il réserve au prévôt d'Orléans la juridiction dont Clément V avait investi l'évêque.

Bien plus ! Revenant sur le passé, et interprétant dans un sens favorable à la puissance temporelle des faits consommés sans sa participation, il déclare que si le droit civil n'est pas enseigné à Paris, c'est parce que ses aïeux ne l'ont pas permis; les papes n'étant intervenus dans ces défenses qu'à la demande des rois et pour joindre à la prescription civile la sanction des peines spirituelles : « Progenitores nostri » non permiserunt legum secularium, seu juris » civilis studium, ibidem institui; quin imo, id » etiam interdici *sub excommunicationis pœnâ, per* » *sedem apostolicam, procurarunt* (1). » Je doute, je l'avoue, que le pape Honorius III, dont j'ai rappelé tout à l'heure les prohibitions, n'ait agi qu'à la requête du roi; je doute que l'initiative ne vînt pas d'un système d'enseignement conçu à Rome dans un intérêt ecclésiastique. Je crois fermement que Philippe renversait les situations,

(1) Ord. du Louvre, t. I, p. 501.
Thomassin, t. II, p. 594.
*Mém. du clergé*, t. I, p. 892.

que c'étaient les papes qui poursuivaient le droit civil par une offensive qu'explique à merveille la politique romaine, et que les rois se bornaient à laisser faire (1). Quoi qu'il en soit, ce langage des conseillers de Philippe-le-Bel, quand même on le tiendrait pour contraire à la vérité historique, n'en est pas moins l'indice d'un ère nouvelle dans les rapports de la couronne et de la thiare.

(1) On voit, cependant, qu'après Honorius III, le pape Innocent IV, défendant le droit civil dans tous les royaumes, ajoute : « *Si tamen hoc de regum et principum processe-* » *rit voluntate.* » (Thomassin, t. I, p. 593, col. 1.)

---

## CHAPITRE XVIII.

### SUITE DE LA SÉCULARISATION DE L'ENSEIGNEMENT.

En même temps, la royauté prenait aux yeux des corps enseignants plus de prépondérance. En 1332, l'Université, haranguant Philippe de Valois, lui disait: « Il est de notre devoir de res» pecter en vous notre seigneur très cher, le fon» dateur et le gardien de l'Université de Paris et » de notre faculté de théologie, et conséquem» ment d'obéir à vos ordres (1). » Peut-être l'Uni-

(1) « *Et quia, princeps serenissime, vos ut dominum* » *nostrum carissimum*, FUNDATOREM *et* GUARDIATOREM » *parisiensis studii, et nostræ theologiæ facultatis, re-*

versité oubliait-elle un peu le souvenir de sa véritable origine. Mais peu importe! ce que nous recherchons ici, ce sont les idées de l'époque sur les prérogatives de la couronne, et la direction dans laquelle le droit public était engagé.

Cette direction se manifeste par une intervention marquée de la royauté dans les matières de l'enseignement.

Et par exemple, sous Charles IV, en 1326, l'Université de Montpellier obtint d'être érigée en faculté de droit, ce qui fut confirmé par le roi Jean en 1350, par Charles VII en 1437 et par François Ier en 1537 (1).

Mais voici un acte de Philippe de Valois, dont la signification est encore plus énergique. J'ai déjà dit que Philippe-Auguste et saint Louis, fidèles défenseurs des prérogatives de l'Église, avaient confirmé le droit de l'évêque de connaître des causes civiles et criminelles des maîtres et écoliers (2). Mais Philippe de Valois fit passer l'U-

» *gemque præcellentem revereri tenemur et* VESTRIS JUS-
» SIONIBUS OBEDIRE, etc., etc. »

Duboulay, t. IV, p. 237. — Crevier, t. II, p. 318.

(1) Pasquier, *Rech.*, liv. 9, ch. 37.

(2) *Junge* Piales, *De l'expectative des gradués*, t. I, p. 331.

niversité de Paris sous la juridiction du prévôt, désormais son juge naturel, et représentant de l'autorité royale (1). Pour quiconque a étudié l'esprit des légistes et des officiers royaux, ceci paraîtra plus qu'une innovation. C'est le principe d'une vraie révolution dans le droit d'enseigner.

Sous le règne de Charles VII, nous trouvons l'Université de Poitiers érigée par le concours des deux puissances. Mais il faut remarquer que tandis que le pape Eugène IV n'avait accordé à cette université que les priviléges de l'Université de Toulouse, le roi, *passant outre*, comme dit Pasquier, lui concéda par ses lettres patentes du 16 mars 1431, vérifiées en parlement le 8 avril, les priviléges des Universités de Paris, Toulouse, Orléans, Angers et Montpellier (2). Addition importante en ce qui concerne le droit civil, dont l'enseignement

(1) Ord. des 13 mars 1337, 31 déc. 1340, 17 mai 1345. (Ord. du Louvre, t. II, p. 119, 155, 228.) — Le roi dit : « Universitas magistrorum et scholarium in nostrâ speciali » *gardiâ et protectione existentium.*

Piales, *loc. cit.*, p. 331, 332.

Et requête au roi de l'Université. (Piales, p. 341.)

(2) Pasquier, *Rech.*, liv. 9, ch. 37.

se trouvait par-là solennellement autorisé à Poitiers.

Pendant ce même règne, un nouveau privilége fut accordé à l'Université de Paris: c'est que les causes concernant cette compagnie seraient portées directement au parlement (1). Ainsi marchait à grands pas le système de sécularisation de l'enseignement. Car là où était le parlement, là se trouvait un intrépide et constant adversaire des prétentions ultramontaines.

Pour achever de mettre sous la main du pouvoir temporel la juridiction dont ce corps enseignant ressortissait désormais, Louis XI, par lettres patentes du 2 mars 1470, fit défenses de citer les écoliers à Rome (2).

Deux ans après, ce prince se trouvant à Bordeaux crut nécessaire d'autoriser l'Université de cette ville qui devait sa naissance au pape Eugène IV, et il lui donna pour conservateur, non pas l'archevêque, qui, d'après l'institution papale, en était chancelier, mais le sénéchal de Guyenne ou son lieutenant à Bordeaux (3).

Ce fut également Louis XI qui ratifia en 1469

(1) Lettres patentes du 27 mars 1445. (Piales, *loc. cit.*)

(2) Piales, p. 333.

(3) Pasquier, *Rech.*, liv. 9, ch. 37.

l'existence de l'Université de Bourges, que jadis le pape y avait établie, dit le roi, *à notre prière et requête* (1). Mais, toujours fidèle au même système, il la place sous la garde et protection du bailli de la province (2).

Ce n'est pas tout : dans l'origine, l'évêque de Paris avait été considéré comme le conservateur des priviléges apostoliques accordés à l'Université de Paris par la libéralité des papes. Mais cette fonction aurait péri bientôt dans ses mains, car la plupart des priviléges octroyés par le saint Siége donnaient atteinte à la juridiction épiscopale. Le pape entra dès lors en possession de la nomination des conservateurs des priviléges apostoliques universitaires ; puis, par une modification honorable pour l'Université, il fut établi que les conservateurs seraient nommés par l'école, et qu'ils recevraient la confirmation du pape (3).

Ces conservateurs s'érigèrent en tribunal permanent (4), et pendant les XII$^{e}$, XIII$^{e}$ et XIV$^{e}$ siè-

(1) *Preuves des libertés de l'Église gallicane*, t. II, 188.

(2) Pasquier, *loc. cit.*

(3) Piales, t. I, p. 358 et suiv.

(4) Crevier, t. I, p. 361 ;

Et Piales, p. 361.

cles ils exercèrent une grande influence sur les destinées de l'Université. Les appels de leurs sentences se portaient en cour de Rome, ou au concile général (1). Les jugements du conservateur apostolique avaient pour sanction la censure et l'excommunication; et, par-là, sa juridiction se montrait terrible dans un temps où les foudres spirituelles étaient toutes-puissantes sur les esprits (2).

Les conservateurs apostoliques ne furent pas longtemps sans exagérer leur pouvoir, et, à force de vouloir entreprendre, ils finirent par se perdre dans leurs propres excès. Ils soulevèrent les plaintes de l'évêque de Paris qu'ils molestaient par leurs excommunications, et celles de l'Université. Louis XII fut obligé de rendre deux ordonnances, des 30 août 1498 et 12 mai 1499, pour les faire rentrer dans de justes bornes. Mais ce qui leur fut le plus funeste, ce fut l'ascendant progressif que prenait la justice séculière et qui faisait décliner de tout côté les justices ecclésiastiques. Le tribunal apostolique dont je parle ici, ayant en face de lui la juri-

(1) Piales, *loc. cit.*

(2) Piales, *id.*

diction collatérale du prévôt, conservateur des priviléges royaux (1), et celle du parlement qui offrait des garanties tutélaires de science, d'équité et d'impartialité, fut absorbé pour la presque totalité des causes qui étaient portées devant lui; car le respect dû à l'autorité royale, écartant la distinction des deux natures de priviléges, ne permettait pas de séparer les affaires dites apostoliques des intérêts temporels d'un corps placé désormais sous l'égide du pouvoir national. Cependant, vers l'an 1590, on voit encore le conservateur apostolique en possession de quelques attributions ; mais ce n'était plus qu'une juridiction défaillante (2). Peu de temps après, sans qu'on en puisse dire l'époque précise (3), elle expira complètement, et ce

(1) En 1437, voyez un conflit entre le prévôt et le conservateur apostolique. Ce dernier l'emporte. ( Crevier, t. IV, p. 85.)

(2) Piales, p. 565.

Voyez aussi *infrà* le discours du cardinal de Lorraine de 1573. A cette époque c'était le cardinal de Bourbon qui était conservateur apostolique.

(3) L'ordonnance de 1651 (Louis XIV), qui confirme les priviléges de l'Université de Paris, ne parle plus de la distinction des priviléges royaux et des priviléges aposto-

dignitaire fut réduit à un vain titre d'honneur sans aucune juridiction (1).

liques. Elle ne reconnaît que des priviléges dont le prévôt est conservateur. (Néron, t. II, p. 23-29.)

(1) Ajoutez ici comme preuve du droit de l'État ce que nous disons *infrà*, p. 144, de la réformation du cardinal d'Estouteville, faite en 1452, avec le concours de la royauté.

## CHAPITRE XIX.

### SEIZIÈME SIÈCLE. — ESPRIT GÉNÉRAL ; DOCTRINES DES JURISCONSULTES SUR LE DROIT D'ENSEIGNER.

Mais je m'aperçois qu'en suivant la marche décroissante de cette institution du moyen âge, j'ai mis le pied dans le XVIe siècle, qui marque l'ère véritable de la civilisation moderne. Désormais les monuments vont se multiplier et je ne serai embarrassé que du choix ; car ce XVIe siècle, qui fut une époque de libre examen et de hardies réformes, qui osa attaquer les abus, non-seulement dans la justice et l'administration, mais même jusque dans le sein de l'Église, ici, par la voie régulière du concile de Trente, là, par le moyen violent des révolutions, ce siècle, disons-nous, voulut aussi juger, à la lumière de l'esprit nouveau, la constitution des corps enseignants, éclos dans des temps de confusion et de ténèbres. Une grande école de jurisconsultes s'était formée sous la triple influence des études historiques, philosophiques et juridiques; elle remplissait la magistrature, le barreau, les universités. Le jugement de cette école sur les créations politiques du passé était loin d'être inspiré par la faveur et le respect: elle qualifiait d'usurpation la part que la féodalité et l'Église avaient prise dans la souveraineté; elle tenait pour suspect tout ce qui venait de cette source, et voulait que la seule autorité légitime à ses yeux, la royauté, régularisât, soit en les confirmant, soit en les réformant, des droits et des priviléges frappés d'un vice originel. C'est à cette cause qu'il faut attribuer, non pas tous les cris de réforme qui furent poussés au XVIe siècle, ce serait de l'exagération, mais une part considérable des doléances élevées à plusieurs reprises dans les États généraux, sous l'impression de l'esprit critique des parlements et des légistes.

Or, en ce que concerne les universités, voici ce qu'enseignaient les jurisconsultes.

« Le roy, disait Servin, est le premier et principal fondateur des escholes. C'est de lui » que l'Université tient sa dignité, c'est lui qui » peut en ériger les études, c'est une *marque* » *principale de sa royauté* (1)... Le recteur est le » *vicaire du roy en ce qui concerne les droits uni-* » *versels des lettres* (2) » — . . . . . . . « et cela » sert pour la claire connaissance des droits de » notre roy très chrétien, lequel, estant *empereur* » *en ce royaume*, a tous les droits impériaux, et » est ce que Constantin-le-Grand disait de soy : » *episcopus exteriorum* (3). »

« L'Université de Paris, enseignait Pasquier (4), » a été grandement chérie, aimée et favorisée de » nos rois, et certainement, non sans cause. Car » si les rois ont été ordonnés par Dieu pour con- » tenir les peuples en devoir et obéissance par » saintes lois, ceux qui plus saintement ont dis- » couru sur le fait des républiques ont été d'avis, » ou que les lois sont du tout frustratoires, ou

(1) Liv. 1, plaid. 21.
(2) *Id.*
(3) *Id.*, liv. 1, plaid. 15.
(4) *Rech.*, liv. 3, ch. 44.

» pour le moins de petit effet, si elles ne prennent » leur commencement et racine en une sage con- » duite et prudente institution de la jeunesse. »

Et Coquille (1):

« Les fondations des colléges appartiennent » *au droit public,* pour quoi est bien séant qu'ou- » tre le soin que les supérieurs establis par la » fondation doivent avoir, les *officiers du roy s'en- » tremettent pour procurer* et faire que l'intention » des fondateurs soit exécutée. »

Mais écoutons Chopin, dans son célèbre Traité du domaine, ouvrage destiné à dresser l'inventaire des droits souverains appartenant à la royauté, et des usurpations entreprises sur eux par les seigneurs et par l'Église :

« C'est un *droit et privilége entièrement royal* » de pouvoir fonder, establir et ériger universités » pour enseigner les escholiers (2)... Que si nous » voulons considérer la qualité de la philosophie » chrétienne, elle n'est autre que le droit canon. » Mais, pour autant que pour ce jourd'huy les » universités sont composées de toutes les scien- » ces et facultés, elles sont accoustumé d'être

(1) Sur l'art. 81 de l'ordonnance de Blois (Néron, t. I, p. 536).

(2) *Du domaine*, liv. 3, tit. 27, n° 1.

» establies et érigées par lettres et priviléges tant » du pape que du roi ou de l'empereur (1). »

... Puis il parle des priviléges accordés à l'Université de Paris par nos rois, et il ajoute (2) : « De tous lesquels priviléges de l'Université » Faber tient que les escholiers ne reconnaissent » point d'autres juges conservateurs d'iceux, » donnés et attribués par le roy, que les prévosts. »

Telle était donc la doctrine des jurisconsultes les plus éminents du XVI^e siècle. Les faits d'intervention de l'autorité royale, dont nous avons vu tout à l'heure le détail, se trouvait érigés par-là à la hauteur d'un droit imprescriptible et vénéré, et la puissance publique se dégage victorieusement des étreintes ecclésiastiques dont le moyen âge avait enveloppé l'instruction. En un mot, les écrivains du temps de Richelieu et de Louis XIV, Lebret, Domat, etc., etc., n'ont rien dit de plus net et de plus ferme (3), et leurs

(1) *Id.*, n° 7.

(2) *Id.*, n° 12.

(3) Lebret : « Nous pouvons dire qu'entre tous les droits » et prérogatives que la souveraineté donne aux rois, il » n'y en a pas qui soient plus éminents que celle qu'elle leur » a réservée de pouvoir SEULS établir des académies dans » leurs royaumes. » (*De la souveraineté*, liv. 4, ch. 12.)

maximes ne diffèrent de celles de Chopin qu'en ce qu'ils ne parlent plus de la nécessité de l'intervention du pape dans la fondation des Universités. Il paraît, en effet, que l'opinion qui associait le pape aux créations académiques ne survécut pas au règne d'Henri IV. Depuis ce temps, la trace en disparaît entièrement dans notre droit public. Mais je reviendrai tout à l'heure là-dessus.

*Junge* les *Preuves des libertés de l'Église gallicane*, ch. 37, t. II, p. 184, où il est dit que les universités et écoles ne peuvent être établies et réformées en France sans l'autorité et consentement du roi.

J'ai cité ci-dessus, p. 12, ch. 2, *in fine*, la doctrine de Domat. On peut consulter encore ce que dit ce jurisconsulte (*Droit public*, liv. 1, t. XV, *Des communautés*, et t. XVII, *Des universités*).

---

## CHAPITRE XX.

### ÉTAT DE LA LÉGISLATION DEPUIS LE XVIe SIÈCLE.

Maintenant passons des doctrines théoriques aux lois écrites qui en sont ordinairement le produit et la sanction.

L'ordonnance d'Orléans, art. 105, porte ce qui suit (1) :

« Parce que nous ne pourrions en notre con-
» seil promptement pourvoir aux plaintes de tout
» temps faites tant par les universités de ce
» royaume que contre icelles, et les abus qui se

(1) Janvier 1560, sous Charles IX, rendue par suite des doléances des députés des trois états, tenus à Orléans.

» commettent sous prétexte de leurs priviléges, » franchises et exemptions, ensemble sur la ré- » formation des universités, nous, par l'avis que » dessus, avons ordonné que des lettres de com- » mission seront expédiées et adressées à certain » nombre de notables personnages que nous » députerons, pour, dedans ce mois, voir et vé- » rifier tous les priviléges octroyés par nos pré- » décesseurs, les fondations de collége, la ré- » formation de feu le cardinal de Touteville; et, » ce fait, procéder à l'entière réformation des- » dites universités et colléges, nonobstant oppo- » sition et appel quelconque. »

Je ne m'arrêterai pas à faire remarquer que déjà, à cette époque, le système des commissions n'était pas jugé incompatible avec les grands moyens de gouvernement. Ce qui me frappe, c'est ce langage de la royauté qui revendique les priviléges universitaires comme une émanation de sa puissance; qui les soumet à sa révision et à sa réformation souveraine et proscrit implicitement le droit exclusif, dont les papes avaient joui dans d'autres temps, de corriger par leurs délégués le régime de nos universités (1). Désormais l'enseignement est de-

(1) Voyez un exemple dans Crevier, t. II, p. 444.

venu une branche du gouvernement de l'État, et l'autorité temporelle le surveille et le dirige par ses ministres.

Ce n'est pas à dire cependant que le pape fût dépouillé de tout concours à ces réformes. Il donnait la main au roi pour l'accomplissement d'une œuvre qui, s'étendant à toutes les facultés des universités, atteignait les études théologiques, auxquelles la puissance spirituelle ne devait pas rester étrangère. C'est ce qui résulte de l'allocution suivante faite au roi par le cardinal de Lorraine le 28 mai 1573, alors que l'on attendait encore la réformation prescrite par l'ordonnance d'Orléans.

« Aidez-nous, sire, à réformer les universités » de votre royaume, et spécialement celle de » Paris. Nous avons prié M. le cardinal de » Bourbon, qui est conservateur des priviléges » apostoliques, et autres qui entendent ce fait, » d'y vouloir vacquer avec tels de votre cour de » parlement qu'il vous plaise députer; *car nous » ne le pouvons faire sans votre autorité*, ni vos let- » tres et intercession à notre saint Père le pape, » pour, sur ce, dépêcher sa commission (1). »

(1) *Preuves des libertés de l'Église gallicane*, ch. 37, t. II, p. 192.

Au surplus, nous avons vu ci-dessus que Chopin, dont l'impartialité n'était pas ébranlée par le dévouement à la couronne, reconnaissait cette nécessité du concours du pape, mais à raison seulement des études théologiques. Plus tard toutefois, je le répète, les publicistes n'en parlent plus; la réforme d'Henri IV se fit sans que le pape y prît aucune part, comme nous le verrons bientôt, et dans les quatre derniers règnes de l'ancienne monarchie il n'est plus question de son intervention.

Cependant le roi, pénétré de la nécessité de pourvoir à des besoins urgents et de satisfaire au vœu de ses sujets, prescrivit de nouvelles mesures de réforme par la fameuse ordonnance de Blois de 1579 (1). Après avoir ordonné de plus fort l'exécution des dispositions portées dans l'ordonnance d'Orléans, il règle la police intérieure des colléges, les devoirs des principaux et des professeurs, impose aux recteurs des obligations pour la surveillance et les visites de ces établissements, et détermine les conditions nécessaires pour être admis à l'enseignement.

(1) Sous Henri III. Elle fut rendue à la suite des doléances des états généraux, tenus à Blois.

« Les recteurs qui seront ci-après eslus, dit » l'article 75, visiteront chacun collége une » fois pendant leur rectorat, pour voir l'état » d'iceux colléges, ouïr plaintes et *tenir la main* » *à l'entretenement des statuts des universitéset col-* » *léges.*

» Tous professeurs et lecteurs de lettres et » sciences, TANT DIVINES *que profanes*, ne pourront » lire en assemblée et multitude d'auditeurs si- » non en lieu public, *et seront sujets au recteur,* » *lois, statuts et coutumes des universités où ils li-* » *ront.* »

« Tout examen, dit l'article 84, sera fait et » chaque degré passé en public, où se trou- » veront tous les maîtres et docteurs régens de » la Faculté. »

Article 85. « Les degrés ne seront conférés » sinon à personnes qui auront étudié par temps » opportun, *selon les ordonnances*, dont ils seront » tenus faire apparoir par certificat de leurs ré- » gens et recteurs. »

L'article 86 met au concours les chaires de droit canon et de droit civil.

Enfin, l'article 81 ordonne aux supérieurs et principaux des colléges de Paris de remettre au greffe de la cour de parlement « les statuts, fon-

» dations, comptes, lettres, titres et *enseigne-* » *mens* concernant lesdits colléges, pour être » communiqués au procureur général pour » prendre telles conclusions que de raison, à » peine de cent livres d'amende. »

L'article 82 veut que les arrêts qui modifient les statuts « soient exécutés suivant leur » forme et teneur jusqu'à ce que, *sous notre auto-* » *rité et mandement*, ait été pourvu de plus ample » et générale réformation sur tout le corps des » universités. »

Cette ordonnance est très remarquable; elle contient les germes féconds de la centralisation dans l'enseignement. Si les universités sont entre elles autant de corps distincts par leur origine et leurs priviléges, il n'en est pas moins vrai que, placées sous le gouvernement de leurs recteurs, ces *vicaires du roi*, comme le disait Servin, ces représentants du pouvoir central, elles se rattachaient, par l'intermédiaire de ces chefs, à un milieu commun. Et non-seulement elles recevaient l'influence d'en haut par le recteur chargé de surveiller tous les établissements d'enseignement existant dans son ressort, et de les assujétir à la discipline et à l'esprit universitaires, mais elles s'ouvraient encore à cette action de l'autorité centrale par les officiers de la justice du roi, qui prenaient connaissance des statuts, des priviléges, du mode d'enseignement, et en pouvaient faire l'objet de leurs plaintes au parlement et de leurs réquisitions tendant à les modifier.

---

# CHAPITRE XXI ET XXII.

## DE LA JURISPRUDENCE DES PARLEMENTS A PARTIR DU XVIe SIÈCLE. — L'UNIVERSITÉ EST-ELLE UN CORPS ECCLÉSIASTIQUE?

Il est arrivé plusieurs fois dans l'ancien régime que les meilleures lois ont été paralysées dans leurs effets par des pratiques ou par des préjugés plus puissants que le législateur. Il n'en fut pas ainsi de l'ordonnance de Blois; elle était trop en harmonie avec l'esprit des magistrats et les besoins nationaux. Nous allons montrer par quelques exemples comment la jurisprudence des parlements développa les principes du droit public sur cette matière, et fortifia, par une application vigilante, le vœu des ordonnances.

Et d'abord, il y avait une grave question à décider. L'Université de Paris, cette université la plus ancienne et la plus florissante de toutes, est-elle un corps laïque ou un corps ecclésiastique? L'intérêt de cette question était considérable, comme on va le voir par le narré d'une des espèces qui la souleva; et la solution pouvait en être obscurcie par l'autorité des précédents, et par l'évocation de souvenirs et de faits dont l'impression n'était pas encore effacée (1).

L'Université de Paris possédait dans son domaine utile quelques bénéfices dont elle avait la présentation. Dans le nombre se trouvait la cure de Saint-Cosme et Saint-Damien. Et néanmoins il était arrivé que M<sup>e</sup> Tempier avait été pourvu en cour de Rome de ce bénéfice, par la résignation de feu Claude Versoris, titulaire, et cela, au mépris du droit de patronage de l'Université. De son côté, l'Université, en vertu de ce droit, avait présenté M<sup>e</sup> Jean Hamilton, licencié en la faculté de théologie, et lui avait fait obtenir la col-

(1) Servin, *Plaidoyer*, liv. 1, ch. 21, *Des matières bénéficiales*.

lation de l'archidiacre, vicaire de l'évêque. Hamilton, après s'être fait introniser, avait pris possession et avait fait insinuer tous ses actes d'investiture. Tempier alors avait fait opposition, et, après diverses procédures, la cause avait été portée au parlement. Servin plaidait pour Hamilton, et Antoine Loisel pour Tempier. La principale question était de savoir si l'Université était un patron laïc, auquel cas le pape n'aurait pu par ses bulles déroger à son droit (1). Car les patrons laïcs étaient censés représenter le roi, à qui le pape ne pouvait porter préjudice en son patronage royal, sans un abus répréhensible. Ainsi donc Hamilton, pour justifier son appel comme d'abus, cherchait à établir que le recteur et les suppôts de l'Université étaient patrons laïcs, tandis que Tempier soutenait que l'Université était un corps ecclésiastique et que son patronage n'avait rien de laïc.

Voici les principaux arguments sur lesquels roulait la défense présentée pour Tempier (2) par Antoine Loisel, le célèbre auteur du *Dialogue*

(1) Chopin, *Du domaine*, liv. 3, t. XXVII, nº 12.

(2) Servin, *loc. cit.*, p. 204.

*des avocats* et des *Institutes coutumières.* Nous ne connaissons sa plaidoirie que par le récit de son adversaire. Elle a pu s'énerver en passant par cette bouche. Je ne décide pas, du reste, si sa faiblesse tient à la malice du truchement ou à l'inégalité de la cause.

« Les personnes qui ont le gouvernement de » l'Université sont ecclésiastiques. A commencer » par l'évêque de Paris et par le chancelier de l'é- » glise Notre-Dame qui sont ses premiers chefs ! ! » le recteur doit avoir la tonsure ; les escho- » liers sont appelés *clercs*, et le glossateur de la » pragmatique sanction enseigne que l'Université » est ecclésiastique. En effet, la science est un don » de Dieu ; le pape est *vicaire de Dieu* sur la terre, et » partant, la science est un don du pape. Les papes » ont eu le principal soin de la nourriture des » escholiers. Les escholes de Paris ont été fon- » dées par le pape Innocent III, qui en écrivit » au roy Philippe-Auguste. Les théologiens, dé- » crétistes, médecins, par les anciens statuts de » l'Université, étaient déclarés ecclésiastiques et » vivaient comme tels. Les mendians qui sont religieux, menant vie monastique, sont du corps » de l'Université, ont leurs églises et colléges » en icelle. Anciennement les escholiers n'étaient

»pas mariés, et aujourd'hui ils vivent la plu-»part en célibat. L'Université a refusé de prêter »serment au roy Philippe-le-Long parce qu'elle »était ecclésiastique et ne devait jurer qu'à la »sainteté du pape. L'Université a été jugée ec-»clésiastique au concile de Constance ; elle a eu »séance en cette qualité, et elle a triomphé de »plusieurs hérétiques et monstres qui s'étaient »élevés à l'encontre de l'Église, etc., etc.»

A quoi Servin répondait :

«Cette grande école de Paris a été fondée par »Charlemagne (1), par le conseil des doctes écos-»sais, non vendeurs des sciences comme on les »a appelés, mais bons précepteurs non avari-»cieux, mais libéraux nourris en la charité di-»vine.

»Quant à M. l'évêque de Paris, il est bien »notre pasteur en ce qui concerne le spirituel, »et le pape qui est par-dessus lui est notre saint »Père, souverain de ce pasteur et de nous, *en ce »qui touche la spiritualité.* Mais il n'est le chef des »écoles, et le gouvernement d'icelles ne dépend

(1) Nous avons dit ci-dessus ce qu'il faut penser de cette assertion, alors en vogue, surtout parmi les partisans de la prérogative royale.

» pas de lui, mesmement au temporel; *ains elles* » *sont en la protection du roy.*

» Quant au chancelier de l'Université, il n'est » aussi le chef d'icelle. La dignité du chancelier » est celle du scholastique qui est chanoine de » l'église cathédrale; sa charge est telle qu'en » plusieurs autres villes, esquelles il y avait un » maître d'école entre les chanoines de l'église » cathédrale, comme Berengarius en celle d'An» gers; et celui qui est scholastique retient en» core son premier nom, et davantage a cet » honneur d'être chancelier de l'Université. Tel » est le maître d'école de Cahors; tel est le chan» celier de Toulouse. Mais c'est un honneur sim» ple et sans administration... Quant au chan» celier de Paris, il garde bien les sceaux de » l'Université; mais pourtant il n'en est le chef, » *ains le recteur qui est le premier, et seul en qualité* » *avec l'Université ès causes qui touchent les études.* » Il est vrai que le recteur qui est laïc (1), après » que les écoliers sont passés maîtres et admis » au giron de l'Université, les présente au chan» celier, qui est ecclésiastique, à ce qu'il leur

(1) Notez ce point. Mais le recteur était souvent tonsuré: témoin Rollin, qui vivait sous Louis XIV.

» donne la bénédiction. Mais pourtant le chan-» celier *n'a pas la direction ni conduite des colléges.* » *Elles appartiennent à l'office du recteur.*

» Mais quel est ce recteur? on ne peut dire » qu'il soit autre que laïc. Il est pris entre les » maîtres de la faculté des arts, et n'a besoin de » tonsure non plus que les écoliers laïcs entre » lesquels il est choisi.

» Bref, c'est lui qui met toutes les nations en » ordre, afin que l'Université soit bien réglée; » c'est lui qui conduit les écoliers; c'est lui qui » corrige les fautes, qui montre *à bien obéir à* » *ceux qui sont nés pour commander;* qui visite les » colléges, qui défend en justice les droits de » l'Université.

» Or, si le recteur est laïc, *ainsi que le premier* » *chef de l'Université qui est le roy*, qu'est-ce qu'on » peut dire des écoliers? Quel nom leur donne-» rez-vous? Si vous les appelez clercs, je dis que » ce nom ne les rend pas ecclésiastiques; car » tous les chrétiens étaient anciennement nom-» més de ce titre... Vray est que depuis, les » constitutions canoniques ont fait une distinc-» tion entre les pasteurs et ayant dignités dans » l'Église, et le simple populaire...

» Or, comme en plusieurs lieux les bonnes

» lettres étaient enseignées par les prêtres, grand » nombre de personnes, ardentes en dévotion, a » suivi l'ordre des clercs. De là est venu qu'en » l'Université de Paris, et presque par toute la » France, les hommes de lettres, *de quelques qua-* » *lités qu'ils fussent*, ont été clercs, c'est-à-dire » *savans et étudians;* parce qu'en un temps le » nombre des ecclésiastiques a été beaucoup plus » grand que des laïcs, devant la réformation du » cardinal de Touteville (1). *Mais aujourd'huy nous* » *voyons plus de laïcs que d'ecclésiastiques*, et par- » tant l'Université doit être réputée laye. *Il faut* » *donc regarder l'état qui est présent, et non la glose* » *de la pragmatique sanction.*

» Il n'y a que les théologiens qui se peuvent » nommer ecclésiastiques ; tous les autres sont

(1) Le cardinal d'Estouteville était légat du pape, avec pouvoir de visiter et réformer les colléges, chapitres et universités. Mais le roi joignit son concours et son autorité à la réforme entreprise par le légat. Il nomma des commissaires pour l'assister. La réforme du cardinal est du 1er juin 1452. Crevier, t. IV, p. 194. Duboulay, t. IV, p. 573.

C'est la première fois que l'autorité royale prenait part à un acte de cette nature. Jadis tout s'était fait par l'autorité du pape. Charles VII a le mérite d'avoir le premier fait intervenir la puissance séculière dans un tel ouvrage. Crevier, t. IV, p. 171.

» laïcs, fors les docteurs en décret, qui sont mixtes » et mi-partis. Pour preuve de ce, j'ai en- » tendu de maître Pierre Ramat, qu'il n'avait en- » core ses lettres de tonsure quand il fut reçu » docteur; et devant lui, en 1534, trois avocats » laïcs furent reçus docteurs en cette faculté. »

» Je viens à l'argument par lequel M. Loisel a dit que la science est un don de Dieu et conséquemment du pape.

» Je suis d'accord que le pape est vicaire de Dieu en terre ; il a encore plusieurs autres titres que je reconnais : il est prince des évêques, principal héritier des apôtres... mais ne s'ensuit pas qu'il soit auteur de la science; et tous ces titres s'entendent : *in spiritualibus tantùm.*

» Dieu est auteur de la justice ; les juges sont les curateurs d'icelle. Induirons-nous de là que les juges sont auteurs de la justice? Nous reconnaissons que les papes ont été soigneux du bien et entretenement des écoles; mais ce n'est pas à dire qu'ils soient auteurs de la science.

» Cet éloge n'appartient qu'à Dieu, et, après lui, les roys de France peuvent se dire conservateurs des écoles; *car la politique ordonne quelles sciences doivent être mises en lumière, quelles personnes les doivent apprendre, et jusqu'où doivent tendre les étu-*

*dians*, comme Aristote remarque en son premier livre des Éthiques.—La police n'endure pas que l'on souffre ès cités des sciences inutiles et superflues... et moins elle souffre que les arts maléfiques tendant à la corruption de l'esprit, du corps ou des biens, soient admis et reçus entre les étudians; *et qui est-ce qui connaît de cette police? il n'y a que le juge royal qui maintient les professions en un bon état!!!*

» Je confesserai bien que les papes ont eu l'œil ouvert, ainsi que les prêtres entre les Grecs, selon que Platon avait ordonné en sa République. *Mais le roy est le principal protecteur et défenseur... Les rois sont les premiers pères et défenseurs de l'Université de Paris...* Ils la maintiennent comme leur fille très aimée.

» Mais je ne puis accorder que le pape Alexandre III ait été le fondateur des écoles de Paris, et moins Innocent III; car lorsque ce pape présidait en l'Église romaine, Philippe-Auguste régnait en France... Vrai est que le pape Innocent écrivit au roy quelques lettres en faveur des écoliers... mais ce roy n'avait besoin d'être pressé pour bien faire. Nos écoles sont franches de l'autorité temporelle des papes.

» On nous objecte que les mendians qui vivaient sous saint Louis sont membres de l'Université. Cela ne se peut dire, si on ne veut maintenir de faux contre l'histoire du tems... s'ils avaient été unis, et si de corps divers on en avait fait un, *il faudrait rapporter les lettres patentes d'union, octroyées par le roy qui était lors, ou par ses successeurs*. Or, jamais le roy n'a uni les mendians avec l'Université et il n'y en a point de lettres, et c'est le principal argument des maîtres de l'Université, auquel on n'a pas fait de réponse pertinente. Simplement les mendians ont dit que l'argument était faux, *et ad eum qui regit christianam rempublicam, scholarium regimen pertinere*. Ce qui est bon à dire où le pape est sieur temporel ; mais non pas en ce royaume, où la connaissance de telle police appartient au roy et aux officiers royaux. Ne rendez donc pas notre Université mendiante, elle n'est composée de mendians (1) !!!

(1) Servin a beau dire : les mendiants avaient été incorporés en l'Université, et ils en faisaient partie. Mais ce fait n'empêche pas que des lettres patentes du roi ne fussent désormais nécessaires pour l'incorporation. Si les mendiants n'en avaient pas, c'est, comme on l'a vu, que leur union avait eu lieu avant que le pouvoir civil n'eût repris la haute direction de l'enseignement.

» Mais on a dit que l'Université doit être jugée ecclésiastique à cause du célibat des écoliers. Je demanderai volontiers où est la loi qui leur a commandé le célibat ; où est le statut qui leur a commandé ce qui était ordonné aux hiérophantes des Athéniens. Nos écoliers ne sont comme les thérapentes d'Égypte dont parle Philon en son traité de la vie contemplative. Le statut qui prescrivait le célibat aux écoliers étudians en médecine et aux docteurs en cette faculté a été abrogé lors de la réformation du cardinal de Touteville.—Toutes les autres constitutions des papes, qui ont ordonné le célibat, n'ont lieu qu'entre les prêtres et les docteurs de la faculté de théologie qui sont *in sacris*.

» On a dit que l'Université de Paris avait refusé de prêter serment au roy Philippe-le-Long. Qui est-ce qui lui fait cette injure de l'accuser de lèse-majesté? En doit-on croire un moine de Saint-Denys qui l'a ainsi écrit *in appendice ad Nangium?* Son témoignage ne doit être cru, car il parle lui seul en un acte qui n'est vraisemblable.

» Quant aux triomphes que l'Université de Paris a remportés par l'industrie des théologiens renfermés en icelle, tant contre les hérétiques et schismatiques et autres gens de telle farine, on n'en doit attribuer l'honneur à une seule faculté, mais à toutes, mais principalement à celle des arts, qui est le fondement et commencement de toutes les autres. »

Telle était l'argumentation de Servin.

L'arrêt ne jugea pas la question au fond, probablement à cause de difficultés qui s'élevaient sur la nature des titres invoqués. Il appointa les parties au conseil. Et néanmoins, il donna la récréance au candidat de l'Université. Mais deux arrêts antérieurs, des 3 juillet 1567 et 5 septembre 1573, l'avaient positivement résolue dans le sens de l'Université et conformément au système de Servin (1). Elle se représenta pour la cure de saint Côme au XVII^e^ siècle, et elle reçut un jugement définitif, par arrêt du 1^er^ avril 1667, qui maintint le curé nommé par l'Université (2).

On lit cependant dans les Mémoires du clergé (3) et dans les Institutions au droit ecclésias-

(1) Servin les citait, p. 199.

(2) *Journal des audiences*, t. II, p. 549. L'avocat de l'Université s'en référa au plaidoyer de Servin, et soutint que l'Université, étant un *corps académique d'institution royale*, ne pouvait être que laïque ou mixte, tout au plus.

(3) T. X, p. 866 et 867.

tique de l'abbé Fleury, annotées par Boucher d'Argis, que l'Université est un corps mixte. C'est aussi le sentiment de Domat (4), et l'on peut accorder ce point à cause de la faculté de théologie qui avait le caractère ecclésiastique. Il est certain cependant que les laïcs étaient en bien plus grand nombre dans l'Université de Paris. Or, un corps est laïc ou ecclésiastique suivant que les laïcs ou les ecclésiastiques y dominent. C'est là la pierre de touche donnée par la raison ; autrement l'on risque de s'égarer dans des classifications trompeuses.

(4) *Droit public*, tit. *Des universités.*

## CHAPITRE XXIII.

### SUITE DE LA JURISPRUDENCE PARLEMENTAIRE. — ELLE SUBORDONNE A L'AUTORITÉ DU ROI LES ÉVÊQUES LES PLUS PRIVILÉGIÉS.

Après avoir décidé que les universités sont des corps laïcs, il fallait que la jurisprudence tirât les conséquences logiques de ce principe, et le conciliât avec les droits attribués à certains évêques pendant le gouvernement des papes, et jusqu'alors maintenus par un usage qui commençait à ressembler à un abus.

C'est ce que fit le parlement de Toulouse par arrêt du 16 juillet 1615. L'évêque de Montpellier, en effet, avait conservé jusqu'à la fin du

XVIe siècle des prérogatives qu'il tenait du droit du moyen âge; et, par une anomalie choquante au milieu des changements opérés ailleurs, il prétendait gouverner, réformer l'Université de cette ville, lui donner des statuts et de règlements, nommer et destituer les maîtres et professeurs.

Mais par l'arrêt que je viens de citer il fut décidé que l'évêque n'aurait droit de réformation que *sauf la confirmation du roi*, et qu'il ne pourrait destituer les professeurs et les instituer « *sans l'assistance des consuls de la ville* (1). »

C'est aussi ce que fit le parlement de Paris par un arrêt du 4 janvier 1549, lorsque, enregistrant la bulle revêtue de lettres patentes, par laquelle le pape Paul III, à la sollicitation du cardinal de Lorraine, avait institué l'Université de Reims, il diminua les prérogatives attribuées à l'archevêque par plusieurs articles, soumit à l'autorité des magistrats les statuts faits et à faire par ce prélat, et attribua au bailli de Vermandois la conservation des priviléges de cette Université (2).

(1) *Mém. du clergé*, t. I, p. 897 et suiv.

(2) *Preuves des libertés de l'Église gallicane*, ch. 37, n° 10.

Ainsi s'élaborait, autant par la jurisprudence que par les lois, cette règle des libertés gallicanes : à savoir, que le droit d'instituer et réformer les universités n'appartient qu'au roi (1). A la vérité, les parlements de Toulouse et de Paris, usant de tempéraments, faisaient la part des titres de l'évêque et celle de la police de l'État ; ils tenaient compte, soit d'une antique possession, soit du bénéfice d'une institution récente. Mais ils plaçaient au-dessus le droit de la couronne ; l'autorité royale, jadis exclue du gouvernement de l'Université de Montpellier, y entrait en souveraine, et n'y trouvait plus que des sujets et des subordonnés. Si nous voulions juger au point de vue des idées modernes cette position faite aux deux prélats, elle choquerait nos habitudes de régularité et de symétrie administrative. Dans l'ancien régime, il en était autrement. Le gouvernement poussait plus loin l'esprit d'assujétissement que l'esprit de nivellement ; et s'il arriva, après bien des efforts, à l'unité de pouvoir, il resta en arrière quant à l'uniformité des moyens de le mettre en action.

(1) Voyez *Preuves des libertés de l'Église gallicane*, t. II, p. 184, ch. 37.

## CHAPITRE XXIV.

### RÉFORME DE L'UNIVERSITÉ DE PARIS PAR LES OFFICIERS DU ROI.

Mais revenons aux détails de la jurisprudence. Nous venons de la voir déclarer que l'Université est un corps laïc, et que les évêques les plus privilégiés y sont subordonnés à la puissance du roi. Elle va nous montrer à présent les officiers royaux préparant et contrôlant par leur surveillance les règlements destinés à réformer les universités.

L'ordonnance d'Orléans et celle de Blois avaient porté leurs fruits. Sous Henri IV on était enfin parvenu à arrêter, sous la seule influence du pouvoir royal et sans le concours du pape (1), les bases d'une réforme depuis longtemps désirée dans l'Université de Paris. C'était la première fois, depuis l'existence de ce corps, que les commissaires du pape ne prenaient pas part à ce travail !!! et ce qu'il y a de remarquable, c'est que le saint Siége laissa l'affaire se consommer sans aucune réclamation. L'enregistrement des statuts eut lieu le 18 septembre 1600, avec la plus grande solennité. Le président de Thou ouvrit la séance par un discours dans lequel, faisant allusion aux circonstances qui avaient rendu la couronne maîtresse exclusive de la réformation, il insista sur le pouvoir légitime des princes relativement à la police des écoles; il cita les lois du code de Justinien, et les exemples des empereurs romains et de nos rois qui, en dehors du dogme, ont exercé leur autorité sur le corps ecclésiastique, partie nécessaire de l'État dont ils sont les chefs. Cette harangue est si intéressante, qu'on me saura gré d'en rappeler quelques fragments (1).

(1) Crevier, t. VII, p. 54, 55 et suiv.

(2) Voyez-la en entier dans les plaidoyers de Servin, liv. 1, p. 335.

« Depuis qu'il a plu à Dieu, par sa bonté im- » mense, de donner la paix à ce royaume, tra- » vaillé quarante années ou environ de guerres » civiles, le roi, non-seulement comme grand » guerrier, mais aussi comme bon prince, et qui » *se reconnaît établi de Dieu,* non-seulement pour » combattre, mais aussi pour juger (ainsi que » parle l'Écriture), a mis tout son soin et diligence » pour affermir en la France ce repos tant désiré » d'un chacun... Voulant policer tous les ordres » de son royaume, il a jeté les yeux sur son Uni- » versité de Paris, jadis la plus florissante de » toute la chrétienté, et qui se sent maintenant, » comme les autres parties de ce grand corps, » des confusions passées. Il a jugé que c'*était le* » *séminaire auquel étaient* nourris et élevés et du- » quel on prenait ceux qui, puis après, servent » en la maison de Dieu, sont appelés aux magis- » tratures, gouvernements et autres charges pu- » bliques.

» Il a donc jugé que c'était chose digne du » soin d'un bon roi, *à l'exemple des empereurs chré-* » *tiens,* desquels nous avons aujourd'hui les con- » stitutions pour le règlement des professeurs, mé- » decins et autres maîtres et précepteurs tant » de grammaire, rhétorique, que de philosophie.

»... Ainsi est-il certain que le soin du prince » doit embrasser tous les ordres de l'État. Aussi » voyons-nous que les empereurs, par leurs con- » stitutions, *ont réglé l'ordre et la police ecclésiasti* » *que*, dont fait foi le premier livre du Code.—Pa- » reillement, les rois de France, qui ont succédé » aux empereurs *et sont estimés empereurs en leur* » *royaume*, ont eu pareil soin de la discipline » ecclésiastique *et de l'instruction de la jeunesse, qui* » *en fait partie*; et, d'autant plus, sont oins et sa- » crés et participent en quelque manière au sa- » cerdoce... Les rois de France ont, de longtemps, » usé bien et utilement du droit de réformation » de l'Église, *non pour toucher à la doctrine, de la-* » *quelle ils se sont toujours remis aux saints canons* » *et conciles ; mais pour conserver l'ordre et la disci-* » *pline ecclésiastique en toutes ses parties.*

» Que le roi, voulant en cela suivre l'exemple » de ses majeurs, a ouï les plaintes qui lui ont été » faites des désordres survenus pendant la licence » des guerres en son Université... C'est à ceux de » l'Université, en particulier, de remercier très » humblement le roi du soin qu'il lui plaît d'avoir » d'eux, et de recevoir la grâce qu'il leur fait *en* » *toute humilité et obéissance*, etc. etc. »

Ce qu'il y a de singulier, c'est qu'en 1598,

après les arrêts du parlement qui avaient déclaré l'Université corps laïque, le président de Thou considère néanmoins l'éducation de la jeunesse comme faisant partie de la discipline ecclésiastique. J'ai de la peine à concilier cette opinion avec la jurisprudence, et je ne saurais l'expliquer que par un reste des anciennes idées qui conservent souvent l'autorité du préjugé après avoir perdu leur valeur pratique. Quoi qu'il en soit, aux yeux du président de Thou, ce lien des études et de la discipline ecclésiastique n'était pas une barrière qui plaçât en dehors de ses limites la puissance temporelle. Ecclésiastique ou laïque, l'enseignement est pour lui une chose du gouvernement, un droit royal; le prince a, à cet égard, toute la puissance des empereurs chrétiens, et il est *empereur en son royaume!!!*

Après ce discours, qui résume avec tant de fermeté le droit public de cette époque, on donna lecture des statuts réformés. Puis Louis Servin (1), avocat général, prenant la parole, remontra au recteur et autres de l'Université que *les écoles ont été instituées en France par autorité royale;* que tous les pères de famille doivent

(1) Son discours est liv. 1, p. 336.

au roi des remercîments pour leurs enfants, et que les enfants doivent l'honorer *comme père du pays;* mais que c'était surtout au recteur et suppôts de l'Université *à obéir à sa juste volonté,* et à faire chacun leur devoir. Il donna des avis particuliers à chaque faculté : il recommanda aux théologiens de faire de l'Écriture sainte la base de leurs doctrines, aux decrétistes de ne rien enseigner de contraire aux libertés de l'Église gallicane, *qui sont les droits communs de l'Église catholique;* aux médecins, de lire et relire Hippocrate, père de la vraie science; aux professeurs ès arts, de rendre leurs instructions utiles aux mœurs. Il termina en exprimant l'espoir que l'exactitude de l'Université à observer ses nouveaux statuts assurerait le rétablissement de son ancien lustre, *sans avoir besoin de nouveaux hommes.* C'était une allusion aux jésuites, dont Servin redoutait le contact avec l'Université, et que l'Université accusait de sa décadence et de ses maux (1).

Enfin le recteur Marc Gigour termina la séance par un discours latin dans lequel il rendit grâces au roi et à la cour, ajoutant que l'Univer-

(1) Crevier, t. VII, p. 60, *note.*

sité serait toujours prête à recevoir, garder et observer la grâce et réglement qu'il a plu à S. M. ordonner par sa cour de parlement (1).

(1) *Preuves des libertés de l'Église gallicane*, t. II, ch. 37.

---

## CHAPITRE XXV.

### INTERVENTION DES OFFICIERS ROYAUX DANS LE RÉGIME DES ÉCOLES.

Maintenant il faut suivre le parlement dans son action sur le régime même des écoles et sur les doctrines qu'on y enseignait.

Une chaire de professeur était devenue vacante dans l'Université d'Orléans, qui l'avait mise au concours conformément aux dispositions de l'ordonnance de Blois. Mais le concours, qui, en apparence, semble le meilleur moyen de faire parvenir les plus dignes, tourne souvent, en réalité, contre son propre but. C'est ce qui était arrivé ici. Parmi les concurrents se trouvait Davezan, jurisconsulte recommandable et auteur d'utiles écrits; il avait été écarté, ainsi que deux autres docteurs en droit d'un mérite réel. Les juges du concours, vieux ligueurs endurcis, avaient donné la préférence à un candidat, Me J. Jourdain, qui avait infecté sa thèse du venin non encore épuisé des théories sous l'influence desquelles les discordes civiles du XVIe siècle avaient été si acharnées et si profondes!!

Davezan et les deux autres docteurs, comme lui repoussés, en appelèrent au parlement de Paris. Car c'était une garantie, donnée par le droit public d'alors au mérite sacrifié, d'en appeler comme d'abus, au parlement, de l'injuste décision des juges du concours (1). Tout de suite un grand nombre de réclamations vinrent s'échelonner, par la voie de l'intervention judiciaire, sur leur action.

En premier lieu, c'étaient les échevins d'Orléans qui demandaient la réformation de l'Université, conformément à un arrêt de 1512 par lequel il était ordonné qu'il y aurait huit professeurs, tandis qu'à présent il n'y en avait que quatre. Ils demandaient que les thèses leur fussent communiquées lors des disputes, pour voir s'il n'y avait pas quelque chose de contraire à

(1) Rousseaud-Lacombe, *Dict. canonique*, v° *Université.*

l'autorité royale et aux maximes de l'État.

Le chancelier de l'Université intervenait en second lieu pour demander à avoir voix élective suivant l'ordre ancien, *afin d'empêcher les monopoles en l'élection des docteurs.*

L'évêque intervenait aussi, demandant que le nombre ancien de huit professeurs fût rétabli, dont trois feraient des leçons en droit canon pour l'instruction des ecclésiastiques du diocèse d'Orléans.

Les conseillers du siége présidial venaient augmenter le nombre des parties, concluant à avoir séance et voix excitative de l'élection des docteurs; tandis que le lieutenant général criminel, le prévôt et son lieutenant, les avocats et substituts du procureur général au bailliage réclamaient ce privilége pour eux seuls, au préjudice des conseillers.

La cause étant en cet état, l'avocat général Talon donna ses conclusions. Il pensa qu'en la forme, l'élection avait été faite en la manière accoutumée par les trois docteurs; mais qu'au fond, il était nécessaire d'augmenter le nombre des professeurs et de le porter, sinon à huit, au moins à six. Puis il examina les propositions contenues dans la thèse de Jourdain, professeur élu, lequel avait soutenu « *que la puissance spirituelle est aussi supérieure à la puissance temporelle que le soleil est plus brillant que la lune; que les deux puissances ont deux justices, la justice ecclésiastique et la justice séculière, celle-là ayant seule pouvoir sur les ecclésiastiques, tant dans les causes civiles que dans les causes criminelles, et sans faire de distinction entre les délits civils et les délits ecclésiastiques, etc., etc.* » « Ces propositions, dit l'avocat » général, sont fausses et scandaleuses, tendant » à la diminution de l'autorité royale, et à sous- » traire les sujets à l'obéissance qu'ils doivent » à leur prince souverain, sous prétexte de faire » des comparaisons ineptes et non véritables, » lesquelles sont toujours odieuses. » Il signale ces doctrines comme un fruit de la Ligue et une cause de schisme entre les sujets du roi. Il requiert en conséquence la suppression de cette thèse pernicieuse.

L'arrêt, conforme à ces conclusions, ordonna la suppression de la thèse de Jourdain, fit défense aux professeurs régents de permettre que dans leurs colléges on soutienne à l'avenir des thèses contraires à l'autorité royale, à peine d'en répondre personnellement; fixa provisoirement à six le nombre des professeurs; donna les trois chaires vacantes aux trois demandeurs ; ordonna qu'en cas de vacance nouvelle, les docteurs seront tenus d'inviter le lieutenant général criminel et particulier, le prévôt et son lieutenant, ensemble les avocats et substituts du procureur général, aux leçons, disputes et élections, pour avoir voix excitative et honoraire, mettant les autres parties hors de cour (25 juin 1626) (1).

C'était donc un principe constant au XVIe siècle. Pour que les brigues et les cabales ne souillassent pas les élections ou les collations de degré, il était permis de se pourvoir contre le décret d'élection, ou par appel simple, ou par appel comme d'abus, mais toujours au parlement (2). Plus tard cependant la matière devint autant administrative que judiciaire. On en verra tout à l'heure des preuves dans les lettres du chancelier d'Aguesseau (3). La centralisation était devenue plus forte, et avec elle l'administration avait élargi sa compétence et son action.

(1) *Preuves des libertés de l'Église gallicane*, t. II, p. 194 à 196, ch. 37.

(2) Rousseaud-Lacombe, *Recueil de jurispr. canonique*, v° *Université*, sect. 9.

(3) *Infrà*, ch. 26.

## CHAPITRE XXVI.

### SURVEILLANCE DES ÉTUDES THÉOLOGIQUES UNIVERSITAIRES PAR LES OFFICIERS ROYAUX.

Mais ce n'était pas seulement dans l'enseignement du droit que les officiers royaux faisaient pénétrer leur vigilance sévère. Ils l'étendaient encore à la partie la plus délicate des études, à celle qui demande le plus de ménagements et de réserve, à la théologie. Pasquier raconte, en effet (1), qu'un bachelier en théologie, nommé Jean Me Tanquerel, ayant, en 1561, mis, au collége d'Harcourt, entre ses proposi-

(1) *Re. h.*, liv. 3, ch. 16, p. 226, *in fine.*

tions à disputer, celle-ci : « Qu'il est en la puissance du pape d'excommunier un roi et de » délier ses sujets du serment de fidélité, lors-» qu'il a favorisé les hérétiques, » le parlement, qui en fut averti, ne supporta pas que les écoles osassent mettre en question la grandeur et l'indépendance du roi, et, par arrêt du 4 septembre 1561, il déclara cette proposition séditieuse. Et comme Tanquerel, qui avait pris la fuite, n'avait pu être pris au corps, il fut ordonné que le bedeau de la Sorbonne, vêtu d'une chape rouge, en présence de la cour et de quatre conseillers, et des principaux de la faculté de théologie, déclarerait que témérairement et follement cette proposition avait été soutenue. En même temps défenses furent faites au collége d'Harcourt d'y disputer en théologie pendant quatre ans.

Mais voici un arrêt plus ancien et non moins digne de remarque :

« Ce jour, le procureur général du roy a dit à » la cour qu'il a été averti que les licenciés et » bacheliers formés en la faculté de théologie, » en faisant leurs disputations et autres actes » publics ès lieux de leurs colléges, ont proposé » et proposent plusieurs disputations frivoles et

» impertinentes, qui sont et peuvent être de » grand scandale et qui ne se doivent souffrir » ni tolérer ; et a lesdites propositions, esquel- » les est parlé de la puissance, du pape, des » princes et des traictés de paix, et s'il est permis » à une femme de gouverner une monarchie ; » et si le pape lui peut permettre de conférer » les bénéfices, et autres choses scandaleuses, » vu le temps de présent...

» Requiert qu'il plaise à la cour ordonner in- » formations sur ce être faites pour en être or- » donné ainsi que de raison ; et néanmoins que » inhibitions et défenses soient faites à ladite fa- » culté de théologie de n'user dorénavant de » telles disputations et propositions frivoles.....

» La matière mise en délibération, la cour » ordonne que le chancelier de l'Université et » la faculté de théologie seront mandés en ladite » cour pour, sur ce, leur faire aucune remon- » trance (1). Et le lundi, 13 décembre, le chan- » celier de l'Université et la faculté de théologie » sont venus en la cour de céans auxquels M. Char-

(1) 9 déc. 1525.
*Preuves des libertés de l'Église gallicane*, t. II, p. 104, ch. 35.

» les Guillard, président de ladite Cour, a re-
» montré ce que le procureur général avait pro-
» posé... » A quoi Me Capel, doyen de la faculté de théologie, a dit : « Qu'il remerciait très hum-
» blement la Cour des remontrances qui leur
» étaient faites, et que, au regard desdites pro-
» positions, ladite faculté de théologie n'a rien
» entendu, et y a deux manières de disputations :
» les unes qui se font en disputations générales
» publiques, qui se font en cahier, lesquels sont
» montrés au doyen de la faculté pour les cor-
» riger, et, à ceux-là, il n'y a rien qui ne soit
» bon, car la faculté ne l'endurerait : les au-
» tres se font en disputations particulières qui
» se font ès colléges tant en Sorbonne que autres,
» et ne les voit la faculté ; et croit que desdites
» disputations frivoles on ne les tient ès conclu-
» sions principales, ains seulement aux consé-
» quences ;

» Et que ladite faculté donnera tel ordre, que
» dorénavant il ne s'en fera plus, et que les
» conclusions tant générales que particulières
» seront vues, et dira-t-on au président que
» s'il voit en disputant qu'il y ait chose qui tire
» à scandale, qu'il impose incontinent silence
» aux disputans.

» Ce fait, ledit chancelier et ladite faculté de » théologie se sont rétirés. »

Quand ces choses se passaient, François Ier était prisonnier; le royaume, plongé dans la consternation, s'était confié à la régence de la duchesse d'Angoulême, mère du roi. Mais les sourdes menées des princes du sang pour la supplanter, jointes aux cris de l'école de théologie et aux prédications incendiaires de quelques prêtres fanatiques (1), faisaient craindre que les disputes d'ambition ne vinssent se joindre à la pénurie du trésor et aux malheurs publics. C'est dans de pareils moments, c'est quand le péril se montre si redoutable, que l'on comprend combien il est important que le pouvoir légal ne reste pas désarmé contre les abus que les factions peuvent faire des chaires des écoles. Jamais l'ancien régime n'a reculé devant leurs violences. Jamais il n'a affaibli, sous prétexte des immunités spirituelles de l'enseignement théologique, la juste responsabilité qui pèse sur tout ce qui fait irruption dans le domaine de la politique temporelle.

C'est à cet ordre d'idées qu'il faut attribuer

(1) Sismondi, t. XVI, p. 246, 247.

les injonctions que le parlement de Paris faisait quelquefois à la faculté de théologie pour rappeler les doctrines orthodoxes méconnues par les factions et pour condamner des opinions dangereuses pour l'ordre public. En voici un exemple :

Après le supplice de Ravaillac, le parlement de Paris, par arrêt du 27 mai 1610, ordonna à la faculté de théologie de renouveler son ancien décret contre la doctrine régicide qui mettait continuellement en danger la vie des princes. Le premier président dit aux docteurs mandés à la barre que l'exécution de cet ancien décret (contre Jean Petit) « était très nécessaire en ce » temps, auquel impunément sont exposés en » vente des livres contenant des propositions » schismatiques et pleines d'impiété, entre autres » que *ceux qui ont le caractère clérical sont exempts* » *non-seulement de toute juridiction séculière, mais* » *de puissance souveraine* (1).

(1) *Tradition des faits*, etc., etc., p. 115.

## CHAPITRE XXVII.

### ÉTAT DES CHOSES AUX XVII^e ET XVIII^e SIÈCLES. RICHELIEU.—LOUIS XIV. —LE CHANCELIER D'AGUESSEAU.

Quittons maintenant le XVI^e siècle et ses prolongements, et entrons dans le XVII^e et le XVIII^e. Avec Richelieu et Louis XIV, ne soyons pas inquiets sur l'indépendance de la couronne et sur les progrès du pouvoir central (1). Pour voir en effet combien ce pouvoir avait mar-

(1) Sous le règne de Louis XIII, se place l'ord. de 1629, rendue par suite des remontrances des états de 1614 (art. 43 à 50). L'art. 43 confirme les priviléges des universités. —

ché, il suffit de parcourir la correspondance du chancelier d'Aguesseau pour y trouver à chaque instant la preuve éclatante de la direction donnée par le chef de la justice à l'ad-

L'art. 44 défend toutes leçons publiques ailleurs qu'aux universités. Les art. 46 et 50 fixent le temps d'étude pour les degrés. L'art. 47 défend d'envoyer les enfants étudier en pays étranger.

Sous Louis XIV, l'ord. de septembre 1651 confirme les priviléges de l'Université de Paris. Le préambule déclare cette université d'institution royale et fait remonter ses priviléges à la munificence et à la protection des rois. (Néron, t. II, p. 28; Piales, t. I, p. 345.)

Divers édits et déclarations établissent à Paris des chaires de droit civil et droit canon. (Avril 1679, 26 janv. 1680, 31 août 1682, 17 nov. 1690, janv. 1700; Piales, t. IV, p. 67.) Quoique Chopin regarde le droit canon comme la philosophie chrétienne, le pouvoir ecclésiastique n'est pas associé à cette création, qui, du reste, était en opposition avec les anciennes bulles des papes. — La déclaration du 31 août 1682 s'applique aux Universités de Paris, Orléans, Bourges, Angers, Poitiers et Reims, et elle en règle *la discipline.*

L'édit de mars 1682 ordonne que la déclaration du clergé sur l'indépendance de la couronne sera enseignée dans les universités. (Néron, t. II, p. 173. On y trouve le texte de la déclaration.)

Enfin, on verra plus bas d'autres ordonnances postérieures qui ont la signification la plus positive sur le droit souverain de l'État.

ministration des écoles, et l'empreinte profonde d'une centralisation du pouvoir enseignant que la révolution a sans doute complétée et fortifiée, mais qui a aussi des bases solides dans la monarchie de l'ancien régime. C'est, en effet, le chancelier que l'on consulte des universités les plus lointaines, par exemple, de l'Université de Douai, pour l'ouverture des concours aux chaires de théologie (1). C'est avec lui que les universités correspondent pour les chaires de médecine (2) et de docteurs ès arts (3). C'est lui qui suit et surveille la collation des degrés aux étudiants, et rappelle les universités aux règles prescrites par les édits et les ordonnances (4); lui encore qui propose au roi les nominations aux chaires de droit dans les Universités de Paris (5), Aix (6), Toulouse (7), Bordeaux (8). On se convaincra même que la

(1) T. X, p. 166.
(2) T. X, p. 123.
(3) T. X, p. 154.
(4) T. X, p. 144.
(5) T. X, p. 128, 134, 161, 168.
(6) T. X, p. 151, 153, 157, 158.
(7) T. X, p. 155.
(8) T. X, p. 150.

règle du concours prescrite par l'ordonnance de Blois n'était pas tellement invariable qu'il ne plût au roi de s'en affranchir quelquefois (1).

Du reste (il faut le répéter encore), d'anciens priviléges épiscopaux s'étaient conservés dans quelques universités, et le gouvernement les tolérait (2). Mais, au point où il en était arrivé, il était clair que, maître de rappeler à lui, s'il l'eût voulu, des prérogatives dont la nature est de ne pas tomber indéfiniment dans le domaine privé, il n'en laissait qu'une jouissance précaire et révocable. Au surplus, dans la plupart des universités, à Toulouse, Montpellier, Bordeaux, Poitiers, Cahors, Caen, Angers, Douai, le corps universitaire étendait sa surveillance et son action jusque sur l'enseignement religieux des établissements monastiques agrégés. Ainsi, par exemple, un arrêt du conseil du 31 janvier 1720 maintient et garde l'Université de Poitiers dans le droit d'avoir la présidence, la direction et la modération de toutes les thèses soutenues dans cette ville; ordonne que quand les religieux minimes en voudront soutenir *dans leur église ou autre lieu*, en

(1) T. X, p. 155.

(2) Rousseaud-Lacombe, v° *Université*, sect. 9.

assemblée ou concours d'auditeurs, ils seront tenus préalablement de les présenter au syndic de la faculté dont elles dépendent, pour être approuvées, et de recevoir du recteur de l'Université le jour et heure de l'acte duquel elle aura la présidence, modération et direction; sauf toutefois à *s'en dispenser* lorsque, dans *l'intérêt de leur maison*, ils feront les exercices qu'ils jugeront convenables à *l'instruction de leurs religieux seulement* (1).

Maintenant, constatons un fait remarquable; c'est que ce droit de la royauté, que nous avons vu se concentrer dans une action si immédiate et si énergique, n'était pas un joug que les universités supportassent en murmurant; elles s'honoraient, au contraire, d'appartenir par des liens intimes à la puissance publique. Ainsi, par exemple, dans une requête présentée au roi Louis XV par l'Université de Paris, et sur laquelle nous reviendrons bientôt, cette fille ainée des rois de France s'exprimait ainsi:

« Nous avons ajouté, en parlant du gouvernement des universités, qu'elles sont soumises

(1) *Id.*, sect. 9.

*à l'inspection des premiers magistrats, dépositaires de l'autorité royale.*

» Il n'est pas nécessaire de rechercher les motifs de cette sage précaution ; ils sont assez sensibles d'eux-mêmes. *Sans les fortes lois qui fixent la discipline des universités*, les écoles seraient exposées aux vicissitudes et aux révolutions les plus fâcheuses ; et les lois elles-mêmes serviraient peu à les garantir du relâchement, *sans de bons surveillans qui soient attentifs à les faire exécuter*. « L'Université, disait M. l'avo-
» cat général Dumesnil en 1564, a été dressée,
» composée et réglée de plusieurs bonnes lois,
» ordonnances et constitutions, *approuvées par*
» *les rois et les parlemens*, lesquelles ne se doivent
» corrompre et altérer sans invasion et cor-
» ruption de toutes choses. »

» L'observation des lois et règlemens *et la bonne administration des études* n'est pas le seul objet de *l'inspection des magistrats*. *Le soin de veiller à la doctrine qui s'enseigne dans les universités rend cette inspection beaucoup plus nécessaire.* Plus nos maximes sur l'indépendance de la couronne et sur les libertés de l'Église gallicane sont importantes, plus il est essentiel que la jeunesse ne soit point élevée dans des préjugés contraires, et même que les principes sur lesquels cette doctrine est appuyée soient solidement établis et clairement expliqués. Les ecclésiastiques sont surtout ceux qui doivent en être le mieux instruits, à cause de l'autorité que le saint ministère leur donne sur l'esprit des peuples (1).

» ... Sire, les universités sont toujours sous la main de V. M. C'est aux magistrats, dépositaires de votre autorité, à y faire observer les lois et à prendre les mesures efficaces contre les prévaricateurs (2).»

J'ai voulu recueillir ces paroles animées d'un saint respect pour les lois du royaume et les autorités établies, afin de couronner par le témoignage de l'Université elle-même la démonstration que je crois avoir donnée de la dépendance des universités anciennes, non-seulement en ce qui concerne l'administration et la discipline, mais encore en ce qui touche aux doctrines de l'enseignement.

(1) Piales cite cette requête en entier, *De l'expectative des gradués*, t. I, p. 263 et suiv.

(2) *Id.*, p. 319.

## CHAPITRE XXVIII.

### LE DROIT DE LA COURONNE S'ÉTEND SUR TOUTES LES ÉCOLES ET SUR LES CONGRÉGATIONS, MÊME CELLES QUI NE SONT PAS UNIVERSITAIRES.

Maintenant je dois montrer que cette surveillance s'étendait aux écoles établies en dehors des universités, soit par des laïcs, soit par des congrégations religieuses.

Ici, il y a deux points à établir : le premier, que ces écoles n'avaient d'existence que par la permission de l'autorité royale.

Le second, que les études que l'on y faisait n'étaient pas académiques, et que tous ceux qui voulaient obtenir les degrés étaient obligés de faire un temps d'étude déterminé dans les universités dépositaires du privilége exclusif, ou (pour me servir d'une expression moderne) du monopole des études.

Le premier point est attesté par des monuments inébranlables de notre droit public.

Et d'abord, au point de vue le plus général, les congrégations religieuses ne pouvaient s'établir en France sans lettres patentes; et ces lettres n'étaient jamais données que sur l'exhibition de leurs statuts: ce qui avait été prescrit pour mettre la puissance publique à même d'examiner l'étendue des vœux qui liaient d'une manière permanente les sujets du roi, et d'apprécier la règle à laquelle ils se soumettaient. En d'autres termes, c'était un des articles les plus constants de nos maximes gallicanes, que l'autorité royale avait le droit de s'interposer pour l'examen, la manutention et la réformation de la discipline et des règles monastiques (1). L'édit de mars 1768 sur les ordres religieux contient, à cet égard, des dispositions

(1) Voyez les *Preuves des libertés de l'Église gallicane*, t. II, *passim*.

Et le *Dict. du droit canonique*, par Durand de Maillane, v° *Monastère*, p. 75.

positives (1). Son préambule, surtout, résume à merveille les principes du droit public de l'ancienne monarchie.

Et cette autorisation était nécessaire aussi bien pour les congrégations enseignantes que pour les autres. Par exemple, les oratoriens, bien qu'ils ne formassent aucun vœu ni simple ni solennel, bien qu'ils fussent de vrais prêtres séculiers en tout soumis à l'ordinaire, ne purent se former en corporation enseignante que par des lettres patentes vérifiées au parlement en 1612 et confirmées au mois d'août 1764. Quand ils voulurent s'établir à Rouen en 1616, ils durent produire leurs statuts au parlement de cette ville (2).

Que dirai-je des jésuites, tour à tour admis et expulsés, et dont la corporation porte plus que toute autre le sceau de notre ancien droit public pour autoriser ou dissoudre les congrégations religieuses et les colléges enseignants?

Ainsi donc deux principes étaient certains. 1° Les congrégations ne tenaient que de la puissance publique le droit d'enseigner; elles ne l'exerçaient que sous le bon plaisir du roi, qui pouvait le leur retirer.

(1) On le trouve dans Maillane, *loc. cit.*

(2) Maillane, *Dict. de droit canon.*, v° *Oratoriens.*

2° Le droit d'examen des statuts entraînait avec lui le droit de les modifier, de les plier aux volontés légitimes de la puissance publique, d'introduire par conséquent la police de l'État dans l'enseignement qu'on recevait dans ces maisons.

J'ai parlé des jésuites : leur histoire m'offre à ce sujet un exemple particulier. Je ne m'occupe pas encore du grand débat qu'ils soutinrent avec l'Université pour obtenir son *exequatur*, après avoir été autorisés en France par lettres patentes du roi vérifiées en parlement. Ce dernier procès est trop mémorable dans l'histoire du droit d'enseigner pour que je le passe sous silence. Mais il se rattache à un point de vue auquel je ne suis pas encore arrivé. Quant à présent, mon attention se porte non sur un privilége de l'Université, mais sur le droit de la puissance publique, de faire fermer les colléges qui ne tenaient pas d'elle seule l'autorisation de faire des leçons.

On sait que les jésuites, après avoir été chassés à la suite de l'assassinat commis par Jean Chastel sur Henri IV, avaient été rappelés par ce prince, malgré les remontrances du parlement (1). De

(1) Au commencement de 1604.
De Thou, liv. 132.

grands desseins occupaient la pensée d'Henri IV. Au dedans, maintenir l'équilibre entre le parti catholique et le parti protestant; au dehors, abaisser la monarchie espagnole dont l'ambition fastueuse et les projets de monarchie universelle avaient pesé sur la France depuis François Ier, qui avait vu Madrid comme prisonnier, jusqu'à la Ligue, qui avait montré à Paris une garnison espagnole (1) !! Le rétablissement des Jésuites trouvait sa place, comme moyen secondaire, dans cette politique grande et nationale. Le roi, avant de tirer cette épée que Ravaillac fit retomber dans le fourreau, se créait des alliances en Hollande, en Suisse, en Savoie, en Italie; il ménageait avec habileté la cour de Rome dont l'affection avait été si longtemps du côté de l'Espagne, et dont cependant le monarque converti ne pouvait se passer aux yeux des catholiques français toujours sourdement agités, défiants et inquiets. Or, le pape avait demandé comme garantie le rétablissement des jésuites; des négociations s'étaient ouvertes à ce sujet, et le roi, après de longs pourparlers, y

(1) Voyez les énergiques paroles d'Arnauld sur cette occupation, dans son *Plaidoyer contre les jésuites*, p. 39 et *passim*.

avait consenti à des conditions restrictives dont la cour de Rome s'était contentée (1). De là, l'édit de Rouen de septembre 1604. Le parlement avait fait au roi des remontrances fermes et dignes, par l'organe du premier président de Harlay. Mais Henri IV, dont la parole était engagée, remercia son parlement avec douceur et affection; il l'engagea à s'en rapporter à son expérience du soin de l'État et de sa propre personne. Il déclara qu'à la suite de réflexions qui avaient duré, non pas un jour, ni un mois, mais des années entières, il était résolu de rétablir en France la société.

Dans une relation italienne imprimée en 1605 à Tournon (2), on a prêté, à cette occasion, à Henri IV un langage hautain et insultant pour son parlement. Il n'en est rien: l'historien de Thou, présent à l'entretien, déclare que cette relation est fausse, et que le roi ne laissa échapper aucune parole qui ne fût digne de sa bonté et de l'honneur de son parlement. — L'édit fut donc enregistré.

(1) Voyez le récit de cela dans de Thou, liv. 132.

La correspondance du cardinal d'Ossat, ambassadeur d'Henri IV auprès du pape, témoigne de l'intérêt que sa sainteté attachait au rappel des jésuites.

(2) Et reproduite dans le *Mercure français*, t. II, p. 170.

Quelques temps après, le roi donna des lettres patentes, vérifiées au parlement, par lesquelles il permettait aux jésuites de s'installer dans leur collége de Clermont à Paris, avec l'exercice de toutes leurs fonctions, excepté cependant les exercices publics de scolarité (1).

Cette restriction gênait singulièrement leurs projets pour l'instruction de la jeunesse. Leurs amis les pressaient de rentrer dans le plein exercice de l'enseignement public (2), et le père Cotton était leur médiateur auprès du roi pour obtenir leur union avec l'Université.

Aussitôt après qu'Henri IV eut fermé les yeux, le père Cotton, sous prétexte de donner suite à un projet que le roi avait l'intention de réaliser (3), obtint de la reine régente des lettres patentes de 1610 (4), portant permission de faire des leçons publiques en toute sorte

(1) 27 juillet 1606, enregistrées le 21 août suivant.
Montholon, *Plaidoyer pour les jésuites*, p. 56.
Voyez Brillon, v° *Jésuites*.

(2) Montholon nomme dans le nombre le président de Thou (p. 49).

(3) *Id.*, p. 50.

(4) 20 août 1610.
Sismondi, t. XXII, p. 181.

de sciences dans leur collége de Clermont. Suivant un célèbre magistrat du temps, l'avocat général Servin, jamais le feu roi n'aurait consenti à étendre jusque-là les sentiments de bienveillance qu'il avait pour eux (1). Il est permis de douter de cette assertion. Car Henri IV témoignait hautement de la déférence qu'il leur portait (2). Quoi qu'il en soit, les jésuites poursuivirent devant le parlement l'entérinement de leurs lettres patentes; cette formalité était indispensable. L'Université se hâta d'y former opposition, et quand même elle ne l'aurait pas fait, ces lettres auraient trouvé dans l'avocat général Servin une énergique résistance. La requête de l'Université, développée par de la Martelière, avocat, concluait à ce qu'en conformité de l'édit de rétablissement des jésuites et l'arrêt de vérification d'icelui, défenses fussent faites aux jésuites de faire aucun exercice et fonction scolastiques, les lettres patentes de 1610 étant *crochetées* et *obtenues par obreption et importunité* (3). Les jésuites, au contraire, par

(1) T. I, liv. 1, ch. 39, p. 310.

(2) Sismondi, t. XXII, p. 146. Il leur fit de grandes libéralités pour l'érection du collége de Laflèche.

(3) *Voyez* Montholon, p. 51.

l'organe de Montholon, soutenaient qu'une telle prétention entamait la *gloire due à la mémoire du grand Henri* (1).

Après les plaidoiries, qui durèrent trois jours, Servin prit la parole pour donner ses conclusions (2). Il rappela que, dans des conférences qu'il avait eues avec les principaux de la compagnie de Jésus, il leur avait demandé s'ils étaient décidés à faire soumission de se conformer aux anciennes maximes de l'Université de Paris, et notamment aux quatre points qui suivent :

Le premier, relatif à la sûreté des princes ;

Le second, relatif *à la supériorité du roi très chrétien des Français* ès choses temporelles ;

Le troisième, que nulle puissance au monde, même l'Église assemblée en corps, ne peut dispenser les sujets du serment de fidélité ;

Le quatrième, relatif aux libertés de l'Église gallicane.

Qu'il lui avait été répondu qu'on estimait que, pour « *choses relatives à la police, il se fallait accommoder au temps et aux lieux où l'on a à vivre,* » mais qu'on ne pouvait prendre d'engagement » sans la volonté du général. »

(1) *Id.*

(2) Liv. 1, ch. 39, p. 319.

Que dans cet état, et en présence de ces paroles équivoques, il fallait examiner si les jésuites sont propres à enseigner la jeunesse.

Là-dessus, Servin passe en revue les constitutions des jésuites, leurs rapports anciens avec l'Université de Paris, leur expulsion et leur rappel; les livres de leurs docteurs, Bellarmin, Vasquez, Suarès, Molina, Scribani, Sà, et autres casuistes, dont les maximes ne sont propres, suivant le célèbre avocat général « qu'à susciter des dangers à la vie des rois et à *détruire toute la morale et la politique chrétienne.* »

Il soutient qu'ils tendent à la destruction des puissances ordonnées de Dieu ; au renversement de toute la justice, mêmement de la *hiérarchie sous-céleste de l'Église catholique*; à la diminution des universités, prenant licence de faire des doctreurs, selon leur bon plaisir, sans examen public;

Qu'ils enseignent à la jeunesse à *se parjurer quand elle est devant les magistrats*, etc., etc.

C'est pourquoi il conclut qu'il leur soit fait défenses de faire leçons publiques, ni aucun exercice, ni fonctions scolastiques pour l'instruction des enfants et autres, en cette ville de Paris.

Ces conclusions, dont je ne donne qu'un rapide résumé, sont curieuses à plus d'un égard. On y voit l'esprit pratique des légistes préparer l'esprit philosophique de Port-Royal, et donner au génie de Pascal le thème des Lettres provinciales. Au nom seul de jésuites, les magistrats conçoivent pour le pouvoir des inquiétudes que le pouvoir ne partage pas à un égal degré, et ils profitent de la faiblesse d'une régence pour refuser ce qu'ils auraient accordé sans doute sous un roi puissant. De leur côté, les jésuites, louvoyant entre l'obéissance envers leurs chefs et les engagements que leur demande le siècle dont ils se défient, cherchent *à entrer comme ils peuvent* (pour me servir d'expressions prêtées à Henri IV), enveloppés dans des réserves, des réticences, des paroles étudiées, et rencontrant cependant des écueils jusque dans leur prudence à ne pas se compromettre. Mais nous les retrouverons bientôt dans la question des études académiques et de l'*exequatur* de l'Université.

En attendant, voici l'arrêt du parlement de Paris rendu sur les conclusions de Servin :

Entre les prêtres, escoliers du collége de Clermont, eux disant jésuites; demandeurs à l'entérinement des lettres patentes du roy, du 20 août 1610, de *permission de faire leçons publiques en toutes sortes de sciences* et autres exercices au dit collége de Clermont... et les recteurs, doyen, procureurs et suppôts de l'Université de Paris, opposans à l'entérinement desdites lettres, demandeurs à ce que défenses leur soient faites de faire aucun exercice et fonction scolastique.

La cour appointe les parties au conseil ; ordonne que le provincial et ceux de la compagnie demandeurs souscriront présentement la soumission faite par ledit provincial d'iceux conformer à la doctrine de l'école de Sorbonne, même en ce qui concerne la conservation de la personne sacrée des roys, manutention de leur autorité royale et libertés de l'Église gallicane, de tout temps et ancienneté gardées et observées en ce royaume... Cependant fait inhibitions et défenses à eux de rien innover au préjudice des lettres de leur rétablissement, *s'entremettre, par eux ou personnes interposées, de l'instruction de la jeunesse dans cette ville de Paris, en quelque façon que ce soit*, et d'y faire aucun examen et fonction de scolarité, à peine de déchéance du rétablissement qui leur a été accordé (1).

(1) Arrêt du 22 décembre 1611. *Preuves des libertés de l'Église gallicane*, t. II, p. 124, ch. 35. *Junge* Servin, *loc. cit.*

Si l'on croyait que ceci n'est qu'une vexation accidentelle, provenant d'une compagnie peu favorable aux jésuites, on serait dans une profonde erreur.

Jetons d'ailleurs les yeux sur l'édit de février 1763 (1).

Le roi déclare, dans le préambule, qu'aucune école publique ne peut s'établir dans son royaume sans son autorité; que tous les établissements de colléges particuliers, actuellement existants, ne sont qu'un effet de la concession des rois ses prédécesseurs.

Par l'article 1er, il ordonne ce qui suit :

« Ceux qui sont chargés de la direction et de » l'administration desdits colléges, soit qu'ils se » trouvent régis et desservis par *des congrégations* » *religieuses* ou *séculières*, ou par quelque autre » personne que ce puisse être, seront tenus » de nous remettre dans six mois pour tout » délai des *états exacts de tout ce qui peut con-* » *cerner* les titres d'établissement desdits collé- » ges et les unions de bénéfices qui y ont été » faites, le lieu et le diocèse où ils sont situés,

(1) *Dict. de droit canonique* de Durand de Maillane, vo *École*. Je le cite à la fin de cette dissertation. C'est un document important.

» *le nombre des classes, des professeurs, régents, éco-*
» *liers, la manière dont ils sont régis*, et générale-
» ment tout ce qui peut servir à faire connaître
» leur administration et leur situation actuelle,
» pour que sur le compte qui nous sera rendu
» par les personnes que nous jugerons à propos
» d'en charger, et sur les représentations et mé-
» moires que nos cours et procureurs généraux
» pourront nous présenter à ce sujet, nous
» soyons en état de nous déterminer sur ceux
» desdits colléges qu'*il y aura lieu de placer ailleurs,*
» *de réunir à d'autres, ou même de supprimer*, et de
» pourvoir définitivement par nos lettres patentes
» à l'état de ceux que nous aurons jugé en état de
» conserver... N'entendons au surplus compren-
» dre dans les dispositions du présent article
» ni dans toutes celles du présent édit les col-
» léges qui font partie des universités de notre
» royaume ou qui en dépendent, ni déroger aux
» droits et priviléges desdites universités. »

L'art. 3 porte en toutes lettres : « Nos cours
» et autres juges qui en doivent connaître exer-
» ceront dans lesdits colléges *l'autorité et la juri-*
» *diction* qui leur a été confiée par nous ou par
» les rois nos prédécesseurs, sur tout ce qui con-
» cerne *la police, régie et administration des écoles.* »

Quant aux évêques, il n'en est question que pour dire, dans l'art. 2, « qu'ils n'auront droit » que sur le *spirituel, la célébration de l'office divin,* » *l'administration des sacrements*, la représentation » et censure des livres et cahiers *par rapport à* » *l'enseignement de la foi.* »

Les articles 9, 10, 11 et 12 veulent cependant que « dans les écoles *autres que celles des* » *universités*, la nomination ou approbation des » *professeurs de théologie* appartienne aux évêques » ou archevêques. »

Mais ce qui prouve que par cette attibution la puissance publique ne se condamna pas à rester neutre devant l'enseignement théologique, c'est l'art. 15 portant :

« Tous les professeurs de théologie ainsi nom- » més seront tenus de se conformer aux dispo- » sitions de l'édit de 1682, concernant les quatre » propositions contenues dans la déclaration du » clergé de France de ladite année. »

Tel était le système complet auquel était soumis l'enseignement dans les établissement distincts des universités. Une pensée qui se manifeste de toutes parts avait pourvu aux droits de la puissance publique sur l'administration, la discipline, l'enseignement même des matières religieuses.

## CHAPITRE XXIX.

### DES DEGRÉS ACADÉMIQUES, DU DROIT EXCLUSIF DES UNIVERSITÉS A CET ÉGARD.

Arrivons maintenant au privilége des universités de conférer seules les degrés académiques, et à l'insuffisance des études faites dans les établissements particuliers d'enseignement pour en être pourvu.

Les grades universitaires sont d'une origine très ancienne. Ils datent de l'époque ou les universités étaient sous la domination des papes. Je n'ai pas l'intention d'en donner ici une histoire qui n'appartient pas à mon sujet. Je me contenterai de faire remarquer que les papes, voulant favoriser l'étude des lettres, conçurent l'idée d'affecter une certaine part des bénéfices ecclésiastiques à ceux qui avaient mérité par leur science les honneurs académiques. Les universités dressaient un rôle de leurs régents et suppôts qu'elles jugeaient les plus dignes d'être pourvus, et le pape décernait en faveur de ces candidats des mandats apostoliques qui forçaient la main aux patrons et collateurs, peu favorables alors à l'étude des sciences et des lettres (1).

Plus tard, cette pratique fut régularisée, et la pragmatique sanction accorda le tiers des bénéfices aux gradués, recommandant aux universités de ne point accorder légèrement les grades auxquels étaient attachées de si nobles récompenses (2).

Afin d'arriver à ce but, les épreuves nécessaires pour parvenir aux grades furent déterminées avec rigueur et précision, et l'une des conditions les plus essentielles fut que les étu-

(1) Piales, *Expect. des gradués*, t. I, p. 365, et t. III, p. 243.

(2) Requête de l'Université au roi, dans Piales, *loc. cit.*, t. I, p. 277.

des eussent été faites dans une université. Ces études, seules, parurent offrir assez de garanties. Le pape Benoît XII les appelle, avec beaucoup d'énergie et d'élégance, *solemnia studia* (1).

Voici donc ce que décidait la pragmatique sanction :

«Tertia pars præbendarum conferatur graduatis idoneis... videlicet magistris... qui in aliquâ *universitate privilegiatâ* suum studium fecerint (2). »

Le concordat confirma ces règles, et maintint les universités dans ce privilége exclusif, si bien fait pour assurer les conditions d'idonéité nécessaires à la bonne distribution des bénéfices (3).

Les degrés étaient donc devenus le signe de la capacité littéraire. Ils étaient exigés pour toutes les fonctions dont la science était l'âme et l'ornement. Ce n'était pas seulement l'Église qui s'en faisait un honneur; c'était encore la magistrature, le barreau, la médecine, le professorat, etc.

Mais, je le répète, les études par lesquelles

(1) Bulle de 1337, dans Duboulay, t. IV, p. 253.

(2) *De collat.*, §§ 11 et 12.

(3) *De collat.*, §§ 4 et 5.

Requête de l'Université, *loc. cit.*, p. 279

on arrivait à ces degrés n'étaient pas valables si elles n'avaient été faites dans les écoles des universités. C'est ce que Pasquier appelait *passer par les alambics de l'Université.* C'était un droit dont ces corps étaient jaloux avec raison, et dont ils ne souffraient à aucun prix la violation. En effet, nous voyons l'Université de Paris, dans son cahier de remontrances de 1614, demander au roi Louis XIII d'ordonner « qu'à l'avenir, ès collé- » ges des villes et bourgs où il n'y avait univer- » sité, l'on ne pourrait établir plus de trois » classes de grammaire seulement, afin que dé- » sormais les écoliers plus avancés, *et ceux qui » voudraient faire leur cours en philosophie et obtenir » leurs degrés, se retirassent aux universités, et que les » particuliers qui auraient fait leurs études ailleurs ne » pourraient s'en prévaloir pour acquérir aucun degré » en conséquence d'icelles* (1). »

Et ce n'étaient pas seulement les universités qui tenaient à ce privilége. Le clergé lui-même en reconnaissait la haute utilité (2), et il élevait la voix pour le maintenir intact; car, dans les

(1) Même requête, p. 299 et 300.

(2) Voyez, par exemple, la bulle de Benoît XII précitée. (Duboulay, t. IV, p. 253.)

remontrances dressées lors des états de 1614, les évêques demandèrent qu'il fût ordonné aux régents, chanceliers des universités de ne bailler aucunes lettres de licence ou de doctorat ès lois qu'à ceux qui auraient *demeuré et étudié dans lesdites universités*... et répondu et soutenu publiquement : « *Universités*, disaient-ils, *qu'il ne » faut mépriser puisqu'elles ont été légitimement fon- » dées et établies par les rois* (1). »

C'est pourquoi l'ordonnance de 1629, dressée en conséquence des doléances des états assemblés en 1614, décida ce qui suit (2) :

« Nul ne sera reçu aux degrés d'une université » qu'il n'ait étudié l'espace de trois ans dans la- » dite université, ou en une autre pour partie du » temps et en ladite université pour le surplus, » dont il rapportera certificat suffisant. »

L'article 44 fait défenses d'enseigner les lettres académiques ailleurs que dans les universités.

« A ce que les universités de notre royaume » puissent être consacrées et entretenues dans » la fréquence et célébrité requises pour l'avan- » cement des bonnes lettres, nous défendons à » toute personne, soit de l'université ou autre,

(1) *Loc. cit.*, p. 282, 283.

(2) Art. 46. (V. Néron, t. I, p. 796.)

» de *faire lecture publique ailleurs* qu'ès dites uni- » versités, etc. (1). »

Mais arrivons à des monuments législatifs plus rapprochés de nous ; il y a, à cet égard, une ordonnance de 1769 qu'il est nécessaire de consulter.

On lit dans son préambule :

« Comme les écoles des universités, fixées » dans un certain nombre de villes, ne pouvaient » servir qu'à ceux qui étaient en état de les fré- » quenter, la jeunesse se trouvait privée partout » ailleurs, même dans les autres villes les plus » nombreuses et les plus distinguées, du secours » et des avantages de l'éducation publique ; la » plupart des villes de notre royaume ont succes- » sivement *obtenu* l'établissement de colléges par- » ticuliers, bornés à l'éducation et à l'instruc- » tion si utiles en elle-même, *indépendamment des* » *degrés*, et propres en même temps à y préparer » ceux qui, pour les obtenir, *voudraient dans la* » *suite passer aux universités et accomplir le cours* » *des études académiques* (2). »

C'est donc une vérité palpable que les colléges

(1) Même requête, *loc. cit.*, p. 300.

(2) Durand de Maillane, v° *École*, p. 436.

V. ce document à la suite de cette dissertation.

et établissements érigés en dehors des universités ne pouvaient tout au plus que donner une instruction préliminaire ; que les études propres à obtenir les degrés se faisaient dans les seules universités ; qu'on ne tenait pas compte de la science qui aurait pu être acquise ailleurs ; mais qu'il fallait nécessairement s'asseoir sur les bancs des universités, et y faire un certain temps d'étude, pour être promu aux grades de bachelier, licencié et docteur (1).

Ce privilége des universités était de la plus haute importance ; il leur assurait une influence considérable sur toutes les classes de citoyens qui (pour me servir des expressions de Pasquier) *aspiraient à faire profession publique de leur savoir* (2), et particulièrement sur le clergé ; car alors les archevêchés et les évêchés (3) et un grand nombre de dignités ecclésiastiques et de

(1) Voyez les règlements à cet égard dans Piales, *Expectative des gradués*, t. I, p. 430, 431. Il cite, t. IV, p. 134, le texte d'un arrêt du parlement de Toulouse du 2 mai 1747, qui exige que *les études en philosophie aient été faites dans une université* PRIVILÉGIÉE.

(2) *Rech.*, liv. 3, ch. 44, p. 330, col. 2.

(3) Durand de Maillane, v° *Degré*, p. 245.

bénéfices étaient affectés aux gradués dans les universités (1).

C'est ce qu'avaient bien compris les jésuites lorsqu'ils se présentèrent en France, munis des bulles du pape Jules III, de 1550, qui leur octroyaient le pouvoir de conférer à leurs disciples les degrés de bacheliers, licenciés et docteurs(2). C'était, en d'autres termes, l'érection de tous leurs colléges en autant d'universités rivales des universités séculières. Mais les jésuites sentirent qu'en présence des priviléges de nos universités et des libertés de l'Église gallicane, ces concessions du saint Siége demeureraient stériles s'ils n'obtenaient le concours de la puissance publique. Aussi leur grande affaire, depuis leur entrée dans le royaume jusqu'à leur deuxième et dernière expulsion, fut-elle d'obtenir des autorités compétentes d'être agrégés à l'Université de Paris et aux autres universités du royaume; ou même de faire ériger en établissements académiques quelques-uns de leurs colléges, éloignés du siége de ces universités. L'importance de ce fait dans l'histoire du droit d'enseigner m'engage à m'y arrêter un instant.

(1) V. le traité de l'*Expectative des gradués*, par Piales.

(2) Crevier, t. VI, p. 3.

## CHAPITRE XXX.

### L'UNIVERSITÉ DE PARIS MAINTIENT SON PRIVILÉGE CONTRE LES JÉSUITES.

Henri II régnait lorsque les jésuites vinrent en France pour y fonder leur ordre. Après un examen de leurs bulles au conseil, des lettres patentes de janvier 1550 leur furent accordées pour être reçus dans le royaume et y jouir de l'effet desdites bulles (1). Mais ce n'était pas une entreprise de médiocre importance que

(1) Plaidoyer de Versoris pour les jésuites, dans Pasquier, t. I, p. 1106.

Duboulay, t. VI, p. 559 à 573.

Crevier, t. VI, p. 4 et 5.

de faire admettre un ordre nouveau, lorsque déjà il y avait un si grand nombre de religieux qu'il semblait nécessaire de le restreindre (1). Le parlement, avant de se prononcer, crut devoir consulter la faculté de théologie et l'évêque de Paris (2).

Ce dernier, Eustache du Bellai, ne leur fut pas favorable ; il émit des craintes sur les droits des ordinaires et des universités, compromis par les statuts des jésuites, sur les intérêts des hôpitaux et des communautés pauvres, avec lesquels ils venaient partager les aumônes (3).

La faculté de théologie alla plus loin : elle signala l'ordre des jésuites comme dangereux pour la foi, et propre à troubler la paix de l'Église.

Les jésuites, frappés de ce coup, gardèrent le silence pendant six ans. Ceci se passait en 1554 (4).

Mais, sous François II, ils se crurent assez forts

(1) Crevier, *id.* Il cite les conclusions des gens du roi. On trouve aussi des détails étendus dans l'*Hist. de la comp. de Jésus*, t. I.

(2) Crevier, p. 6.

(3) *Id.*, p. 0.

(4) Duboulay, t. VI, p. 573 à 583.

De Thou, liv. 37 ; Crevier, *loc. cit.*

de l'appui des Guises pour reprendre leur projet, et ils obtinrent en effet, en 1560, des lettres du roi au parlement pour vérifier les bulles (1). Mais le parlement différa une seconde fois la conclusion.

Enfin, sous Charles IX, la cour devint plus pressante; des lettres de jussion furent expédiées. Les gens du roi, satisfaits des paroles de soumission prononcées par les jésuites, donnèrent des conclusions pour l'enregistrement. C'est alors que le parlement les renvoya devant le concile tenu à Poissy par les prélats du royaume pour avoir leur assentiment (2).

Comme l'inutilité d'un ordre religieux nouveau était toujours la grande objection qu'on opposait, on imagina un biais : ce fut de présenter les jésuites non comme religieux, mais comme colléges (3). Au fond, la ques-

(1) Crevier, t. VI, p. 107 et 108.

(2) Arrêt du 22 février 1561.
Duboulay, *loc. cit.*;
De Thou, *id.*;
Et Crevier, t. VI, p. 109.

(3) L'avocat général Dumesnil dit dans ses conclusions : « Le troisième point serait de la conjonction ou distinction » du *couvent* et *collége*, et *si l'un pouvait être sans*

tion restait toujours la même, et il n'y avait là que de la subtilité. Mais quand on consulte l'expérience, on apprend que ce sont souvent les petits moyens qui décident les grandes affaires, et qu'on domine plus souvent les difficultés en les tournant qu'en les prenant de front.

C'est ce qui arriva ici : le colloque de Poissy, présidé par le cardinal de Tournon, ami zélé des jésuites, fut d'avis de les admettre, par forme de société et collége, et non de religion nouvellement instituée, à la charge de prendre un autre titre que celui de jésuites, d'être soumis aux ordinaires, aux universités, au droit commun, sans qu'ils aient droit de juridiction aucune. Cette décision est du 15 septembre 1561 (1).

Forts de cette approbation, les jésuites revinrent au parlement, et par arrêt du 13 février 1562, toutes les chambres assemblées, ils fu-

» *l'autre*, et *comment cette société se pouvait tenir en col-* » *lége sans couvent*, mêmement, si elle se pouvait joindre et » incorporer aux universités sans enfreindre les statuts des » universités et la règle et profession des jésuites. » (P. 12, 13.)

(1) Crevier, t. VI, p. 112.

rent autorisés aux conditions spécifiées dans le colloque de Poissy.

En même temps le parlement leur accorda, à titre de société et collége ayant désormais une existence légale, la délivrance d'un legs considérable que leur avait fait l'évêque de Clermont, à la charge de construire trois colléges, un à Paris et deux en Auvergne (1).

Alors commença avec l'Université un débat qui fut pendant plusieurs années un sujet de disputes amères et de procès. Les jésuites, en effet, avaient érigé à Paris leur collége sous le nom de collége de Clermont. Ils avaient pour eux les lettres patentes du roi et les arrêts de la justice; leur position, de ce côté, était régulière et irréprochable; il ne leur manquait que la permission de l'Université de Paris pour ouvrir leurs classes et faire des leçons publiques (2). Mais grande était la difficulté de l'obtenir; car, d'après les règlements universitaires, nul régulier ne pouvait être admis que dans les facultés de théologie et de décret; et cependant les jésuites, désireux de

(1) *Id.*

(2) Duboulay, t. VI, p. 583.

Crevier, t. VI, p. 165.

gouverner l'esprit de la jeunesse, prétendaient enseigner la grammaire, la rhétorique et la philosophie, aussi bien que la théologie.

Toutefois, les jésuites trouvèrent moyen de s'emparer du recteur, nommé Julien de Saint-Germain, et, le 19 février de l'année 1564, ils obtinrent secrètement de lui des lettres de scolarité. Je dis secrètement, parce que ce recteur avait agi de son propre mouvement, sans consulter les organes du corps et sans même prendre soin de faire contresigner son autorisation par le greffier de l'Université (1).

Quoique ce titre fût suspect en la forme et au fond, les jésuites n'hésitèrent pas à ouvrir leur collége à la rentrée des classes, et ils affichèrent sur la porte du bâtiment cette inscription : *Collége de la société de Jésus*. Puis, joignant l'habileté à la hardiesse, ils se pourvurent des maîtres les plus savants et annoncèrent qu'ils donnaient l'éducation gratuitement.

L'Université s'émut alors, et, sans avoir égard à l'acte vicieux dont les jésuites se prévalaient, elle rendit une décision pour les rejeter. — Le

(1) Duboulay, *loc. cit.*
Crevier, t. VI, p. 166.

recteur leur signifia les défenses les plus expresses de continuer leurs leçons. Mais, pendant qu'on délibérait dans l'Université, les jésuites agissaient, et ils obtinrent du parlement un arrêt qui les maintenait dans la possession provisoire où ils étaient de faire des leçons publiques.

La possession est en toutes choses un avantage considérable ; c'est pourquoi les jurisconsultes ont dit avec raison : *Beati possidentes*. Les jésuites, se sentant plus forts que jamais, présentèrent à l'Université une requête modeste pour être définitivement incorporés dans son sein. « Nous ne voulons faire ombrage à personne ; nous renonçons aux magistratures et » aux dignités de l'Université, au rectorat, aux » fonctions de chancelier, etc., etc. ; nous re» nonçons aussi à partager les droits des gra» dués sur les bénéfices. Nous nous engageons » à prendre les degrés avant que d'enseigner. » Nous promettons à M. le recteur et aux autres » magistrats de l'Université toute l'obéissance » qui leur est due. Nous nous engageons aussi à » observer, en choses licites et honnêtes, les » statuts de l'Université. Recevez-nous donc, » nous et nos disciples, sous vos ailes et dans

» votre sein, comme des enfants très chers (1). »

Ce langage ne put ébranler l'Université. Elle cita les jésuites à comparaître devant elle pour répondre s'ils étaient religieux ou séculiers, et pour être ensuite statué ce qu'il appartiendrait.

La réponse des jésuites est devenue célèbre. Le *Tales quales nos curia recepit* amusa beaucoup le public et parut à l'Université un véritable refus de répondre. En conséquence, elle réitéra de plus fort son décret d'exclusion absolue (2).

Mais les jésuites n'étaient pas gens à se soumettre. La ressource des voies judiciaires leur restait encore. Ils prirent hardiment l'offensive devant le parlement.

A cette époque (3), comme sous le règne de Henri II, le sentiment public était fort divers sur le compte de la société. La cour, inquiète des hérésies qui déchiraient l'État et dominée par un ardent désir de conserver la foi catholique, voyait avec faveur, dans cet ordre institué

(1) Duboulay, t. VI, p. 584, 585.
Crevier, t. VI, p. 172.
(2) Duboulay, t. VI, p. 585, 586.
Crevier, t. VI, p. 178.
(3) 1565.

pour combattre les nouveautés religieuses (1), un appui moral contre les factions et les sectaires. Ces idées étaient partagées, à quelques exceptions près, par les membres les plus influents du haut clergé (2).

Il n'en était pas de même dans un parti nombreux qui se groupait autour de l'Université de Paris, et qui, en veillant sur les prérogatives de ce corps respecté, croyait veiller aussi sur la chose publique. Là, l'on attribuait aux jésuites des vues de domination et d'hostilité; on disait qu'ils venaient rompre l'unité d'enseignement et substituer aux sages maximes acceptées, défendues, propagées par l'Université, des principes dangereux sur les rapports des deux puissances (3); que leur but secret était d'arriver à une reconstitution de cette noble et antique université, en réduisant ses colléges à un petit nombre, dont leurs sujets auraient la direc-

(1) Voyez la curieuse *réponse de René de Lafon* à Marion, avocat général, p. 17.

(2) Voyez dans le même écrit ce que dit l'auteur de la décadence de l'hérésie dans les provinces où leurs colléges s'étaient établis, en Auvergne, à Tournon (p. 34).

(3) Crevier, t. VI, p. 179.

Servin, liv. 1, ch. 39.

tion (1); que tout au moins, par leurs promesses d'un enseignement gratuit, ils espéraient s'emparer de l'esprit des pères de famille et de la jeunesse, et par-là élever leurs écoles sur les ruines des écoles établies; que l'enseignement dont ils faisaient tant de bruit ne produirait pas de meilleurs catholiques, « *car l'on ne va pas au » collége pour apprendre les choses de la foy, les » églises sont ordonnées à ces fins... et l'on a vu par » expérience que les prêtres ou gens d'église ne sont » pas meilleurs maîtres de la jeunesse* (2). »

(1) Crevier, t. VI, p. 153, cite les faits.

(2) Lettre d'Arnault de Pontac, évêque de Bazas, écrite de Rome à M. de Lange, conseiller au parlement de Bordeaux, au sujet du dessein qu'avait eu la ville de Bordeaux de donner son collége aux jésuites (p. 66, 67), en 1569. Elle a été imprimée à la suite du plaidoyer de l'avocat général Dumesnil.

M. de Pontac fut un des plus savants hommes de son temps (voyez Moreri).

Les jésuites ont cherché à enlever à cette lettre son autorité en soutenant que M. de Pontac l'avait désavouée. On a répondu que la lettre contenant ce désaveu était elle-même suspecte, n'ayant paru que six ans après la mort de ce prélat.

Au surplus, on ne conteste pas qu'il s'opposa à la concession du collége de Bordeaux aux révérends pères.

*Histoire générale de la comp. de Jésus*, t. I, p. 208.

On les repoussait donc (1) comme des ennemis qui osaient se présenter de puissance à puissance, avec l'ambition dans le cœur et la guerre dans leurs statuts.

Dans la magistrature, on était divisé. Les uns ne pouvaient souffrir le mystère dont les jésuites affectaient de couvrir leur position religieuse; le raffinement d'équivoque avec lequel ils se présentaient, non comme religieux, mais comme collége, cet art à ne montrer qu'un côté de leur institution et à cacher l'autre, l'ambiguité de leurs réponses, leurs liens de dépendance immédiate avec la cour de Rome, leurs vœux d'obéissance à un général étranger, tout cela faisait craindre à une portion sincère et honnête de la magistrature que les libertés de l'Église gallicane, ce palladium de l'État, ne donnassent un imprudent accès à des adversaires cachés.

Mais d'autres, zélés catholiques, et non moins bons citoyens, plus préoccupés du progrès des hérésies que du déclin des libertés gallicanes,

(1) Pontac ajoute, p. 64 : « S'il n'y a point d'hypocrisie » dans leur fait, si est-ce que leurs façons de faire sont si » pleines de mines et cérémonies, qu'ils semblent, en cela » seul, quasi incompatibles avec les Français. »

qu'ils se croyaient toujours assez forts pour maintenir, pensaient qu'il fallait accepter pour le moment, sauf à examiner plus tard, ces auxiliaires qu'une heureuse fortune leur envoyait (1). Ils craignaient l'infiltration des idées luthériennes dans l'enseignement (2), et ils espéraient trouver dans les colléges des jésuites un rempart contre les écarts d'une fausse philosophie. Dans ce nombre je citerai le premier président Chris-

(1) L'avocat général Marion disait (quinzième plaidoyer, p. 567, 568), après leur première expulsion, que cette mesure avait été arrêtée et pesée depuis longtemps, mais qu'on ne l'avait suspendue que dans la vue d'attendre des éclaircissements que la suite n'avait que trop donnés. (*Junge* Crevier, t. VII, p. 27, 28.)

(2) René de Lafon prétend que dans le collége de Tournon, dont Pélisson était principal, ce dernier s'aperçut un beau jour que tous ses professeurs étaient luthériens (p. 35).

Voyez aussi ce que dit le même de l'enseignement de l'Université et des mauvaises doctrines qu'on y enseignait suivant lui (p. 46) :

« Les jésuites sont corrupteurs de la jeunesse !! Et qui » l'aurait corrompue *avant qu'ils fussent en France ?* qui » aurait semé l'hérésie, l'épicurisme, le paganisme, l'a- » théisme et les autres graines de perdition et d'enfer aux » universités, et nommément en celle de Paris ? N'était-ce » pas ceux qui faisaient profession de toutes ces belles es- » choles, en leur vie, en leur chaire et en leurs escrits ? »

tophe de Thou (1), et le procureur général Bourdin (2).

Telle était la disposition des esprits, lorsque la cause fut plaidée au parlement avec une grande solennité (en 1564). Versoris défendait les jésuites demandeurs, Estienne Pasquier l'Université.

J'écarterai ici tout ce qui tendait à faire de cette cause un sujet de récriminations, et qui ne serait encore aujourd'hui qu'un thème à des souvenirs irritants (3) ; je ne m'arrêterai donc qu'aux arguments qui touchent au droit d'enseigner.

Versoris disait (4) : « D'après les statuts de la » société, les colléges des jésuites sont sujets à

(1) Crevier, t. VI, p. 191.

(2) *Id.*, et le plaidoyer de Versoris pour les jésuites.

Plus tard, ils eurent pour eux de la Guesle, procureur général, et Antoine Séguier, avocat général. *Infrà*, p. 222, et Crevier, t. VI, p. 471.

Le parlement de Toulouse refusa de les expulser et les maintint dans leur collége de Tournon. (*Id.*, t. VII, p. 44, 45.)

(3) Les jésuites publièrent plus tard une réfutation des assertions de Pasquier (*Réponse de René de Lafon*, 1599, p. 89) ; elle est amère et violente. La discussion, sur ce sujet brûlant, n'a pas cessé d'être un sujet d'injures.

(4) Il s'aida du mémoire du jésuite Caigord, « *l'un des*

» l'ordinaire et à l'université des lieux où ils sont, » *quand elle les reçoit* (1). Aujourd'hui le collége » de Clermont demande d'être incorporé, afin » que par ce moyen les pauvres aient autant de » commodité d'étudier que les riches.

» La porte pour être incorporé en un collége » et pour faire collége, c'est l'autorité du prince » ou du sénat.

» La porte pour introduire un collége en une » université, c'est, quant au spirituel, l'autorité » des papes *et le consentement des ordinaires*; l'on » n'y peut requérir rien de plus. Nous avons » tout cela.

» On parle de l'intérêt de l'Université; mais » les jésuites *non veniunt legem solvere*. Ils se sou- » mettent aux lois et statuts de l'Université, ils » sont prêts d'en subir les règlemens. L'Univer- » sité ne perd rien pour cela : c'est plus d'hon- » neur, plus on se communique. »

Ainsi les jésuites ne contestaient aucun des principes sur lesquels reposait alors le droit d'enseigner; ils acceptaient et le droit du roi et le droit de l'Université.

» *plus braves solliciteurs que jamais le palais ait eus.* » Pasquier, *Lettres*, liv. 21, lett. 1re.

(1) P. 1105.(Pasquier, t. I.)

Pasquier disait, au contraire, au milieu d'un langage trop véhément quelquefois et trop empreint d'une partialité ardente (1) :—Vous êtes des réguliers, et, par les statuts de l'Université, il est défendu aux réguliers d'enseigner aux laïcs. Les réguliers ne peuvent enseigner qu'aux réguliers, et les séculiers aux séculiers. L'enseignement des premiers est renfermé dans le cloître ; il doit être à huis clos.

De plus, il est défendu aux religieux d'être reçus maîtres ès arts.

Êtes-vous séculiers? aucun de vous n'a subi ses examens et pris ses degrés *en passant par les alambics de notre Université.*

Si vous n'êtes ni réguliers ni séculiers, ce sera une raison de plus pour ne pas vous admettre : car l'Université ne peut recevoir un collége hermaphrodite, qui ne soit ni l'un ni l'autre et qui soit tous les deux ensemble.

M. Dumesnil, avocat général (2), approuva,

(1) L'avocat général Dumesnil lui fit le reproche (p. 11) « de n'avoir pas retranché ce qui était trop abondant et » *adouci ce qui était aigre.* »

(2) Duboulay, t. VI, p. 646.—Crevier, t. VI, p. 191. Son plaidoyer a été publié en 1594. L'éditeur l'a dédié à Pasquier.

dans des conclusions pleines de modération et de dignité (1), les maximes de l'Université à l'égard des religieux; il rappela la querelle avec les mendiants (2), et insista sur l'organisation de la compagnie de Jésus; il trouva de la dissimulation (3) dans leur manière de s'introduire en France comme simple société scolastique et collégiale (4). Enfin, pour concilier les règles de l'Université avec le legs de l'évêque de Clermont, il proposa un terme moyen inutile à rappeler ici, et qui ne fut pas adopté par le parlement. Les jésuites eurent un demi-triomphe, que Pasquier appelle malicieusement, à sa manière, *un coup fourré* (5), et qui équivalait pour eux à une victoire complète. L'arrêt, rendu sous la présidence de Christophe de Thou, appointa la cause, toutes choses demeurant en état, c'est-à-dire que la question d'incorporation restant pour le moment réservée, ils furent maintenus en possession de faire des leçons publiques (6).

(1) Il parle des jésuites sans aigreur; il vante même leur *sçavoir* et *doctrine*, p. 9.

(2) P. 18, 19.

(3) P. 50.

(4) P. 32.

(5) *Lettres*, IV, 24; XXI, 2.

(6) Voyez dans l'écrit intitulé : *Réponse de Réné de La-*

Mais ils ne jouirent pas sans trouble de cet avantage. L'Université et surtout la faculté des arts refusèrent les grades aux élèves qui sortaient du collége de Clermont (1).

Cet état de choses se prolongea jusqu'en 1594, époque à laquelle Henri IV prit possession de sa capitale et de son royaume (2). Cet évènement fut salué avec transport par l'Université (3). Il n'en fut pas de même du côté des jésuites, dont la fidélité à la Ligue et à la politique espagnole allait chercher dans les antipathies de la cour de Rome pour le prince converti des motifs de persistance. L'Université profita de cette opposition au souverain légitime pour reprendre le procès de 1564 et pour lui donner même un caractère plus grave et plus menaçant. Il ne s'agissait de rien moins que de poursuivre l'entière expulsion des jésuites.

*fon à Marion, avocat général* (p. 18), un commentaire de cet arrêt dans un sens favorable aux jésuites. L'auteur prétend que l'affaire fut appointée pour *mettre les jésuites tout doucement en possession* et pour qu'on apprît à les connaître par *leurs actions et à les aimer*.

(1) Crevier, t. VI, p. 292, 302, 307, 316, 336, 340.

(2) En mars.

(3) Crevier, t. VI, p. 446.

Dès le mois d'avril, elle leva une contribution sur les quatre facultés pour les frais de ce nouveau procès, et elle présenta au parlement une requête du style le plus véhément (1), qui se terminait en concluant à ce qu'il plût à la Cour ordonner « que cette secte sera exterminée non » seulement de ladite Université, mais aussi de » tout le royaume de France, requérant à cet effet » l'adjonction de M. le procureur général du roi. »

L'affaire fut portée au parlement le 12 juillet 1594. Les jésuites obtinrent par le crédit de quelques protecteurs puissants, et notamment d'Antoine Séguier, avocat général, qu'elle serait plaidée à huis clos (2).

Antoine Arnauld, le plus célèbre avocat de son temps et père des illustres Arnauld, défendit l'Université. Son discours est une philippique sanglante que l'on a appelée le *péché originel* des Arnauld. L'orateur s'applique à représenter les jésuites comme les suppôts les plus ardents de la maison d'Autriche et des intérêts espagnols; comme les satellites les plus remuants

(1) *Id.* Voyez cette requête en tête du plaidoyer d'Arnauld, imprimé en 1716.

(2) Crevier, t. VI, p. 455 ;

Et l'argument du plaidoyer d'Arnauld, p. 2 et 3.

de cette politique étrangère qui aspirait à dominer l'Europe et la France (1); comme ayant tenu dans leur collége de la rue St-Jacques (2) les conciliabules où l'ambassadeur d'Espagne dictait des mesures séditieuses contre le roi légitime, et où l'on avait arrêté le moyen d'affamer Paris et de résister à Henri IV. Arnauld insistait sur ce qu'ils avaient logé dans ce collége les principaux instruments de la Ligue, et particulièrement le père Matthieu, l'un des leurs, qui rédigea au nom des Seize la fameuse déclaration qui donnait Paris et le royaume au roi Philippe II (3). Il rappelait avec indignation leurs doctrines abominables sur l'assassinat des rois (4), le crime de Barrière résolu dans leur collége de Lyon (5), la corruption de la jeunesse élevée par ces espions de l'Espagne (6)

(1) P. 15, 19 du plaidoyer.

(2) P. 36, 38.

(3) P. 40.

(4) Les jésuites répondaient que cette thèse, qui consiste à savoir s'il est permis de tuer les tyrans, était dans tous les discours des canonistes et philosophes, et que Bodin l'a traitée. (*Réponse de René de Lafon*, p. 51.)

(5) P. 47. On sait que Barrière fut arrêté avant d'avoir exécuté son dessein d'assassiner le roi. (Sismondi, t. 21, p. 222.)

(6) P. 58, 86.

dans des sentiments espagnols et ennemis du roi et de son État (1). « Le tyran d'Espagne, di- » sait-il, a les jésuites disposés par la France » pour planter l'amour de son nom et de sa do- » mination dans les esprits tendres de nos en- » fants (2). »

Tout le plaidoyer roule sur cette thèse. Il est inspiré d'un bout à l'autre par l'indignation et la colère. L'avocat l'avoue hautement (3), et les invectives se pressent dans sa bouche (4) avec une violence (5) que les souvenirs récents de la Ligue peuvent seuls faire excuser.

La cause des jésuites ne fut défendue par Claude Duret, leur avocat, que sur des moyens de forme ; le fond ne fut pas abordé, soit que Duret fût accablé par la foudroyante plaidoirie d'Arnauld, soit qu'il trouvât la position peu favorable (6). Et toutefois elle avait encore de

(1) P. 57.

(2) P. 67.

(3) P. 54.

(4) Traîtres, scélérats, assassins, meurtriers des rois, etc., p. 55.

(5) C'est pourquoi les jésuites l'ont appelé *lion infernal*. (de Lafon, p. 57.)

(6) Dans la *réponse à Marion*, de Lafon, qu'on peut consulter comme défense des jésuites, cet auteur dit que

puissants appuis, car de la Guesle, procureur général, et Antoine Séguier, avocat général, agissaient ostensiblement pour les jésuites (1). Aussi, malgré les efforts d'Auguste de Thou, le parlement recula-t-il encore une fois devant les mesures que l'Université lui demandait; il maintint provisoirement les jésuites en possession (2). Voici en quels termes un contemporain, ami des jésuites, a célébré cet arrêt (3) : « La Cour n'a point condamné les jésuites en » vertu de l'ancien procès recueilli et lancé avec

l'Espagnol a été appelé en France par Charles IX en 1562, et non par les jésuites qui n'étaient pas encore en France (p. 29).

Puis, il compare la conduite des Espagnols qui sont entrés en France et ont prêté leur argent, sans rien gâter à la religion et sans en rien emporter en leurs terres, avec celle des reîtres qui ont pillé et démoli les églises (p. 31).

Il avoue que les jésuites étaient de la Ligue; mais y étaient-ils seuls? « Tout le clergé de France, toutes les familles religieuses, une partie de la noblesse avec le tiers-» état n'étaient-ils pas de la Ligue? (P. 31.)

Il dit que le reproche de vouloir *espagnoliser la jeunesse* est un reproche des huguenots, lesquels appellent *Espagnols tous ceux qui naissent en la religion catholique* (p. 33).

(1) Crevier, t. VI, p. 471. — De Thou, liv. 110.

(2) Arrêt de 1594.

(3) *Lafon*, p. 45.

» les cors et le cri des plus hauts crieurs, des » plus ameutés limiers, des plus violens pique-» procès qui aient été depuis trente ans en » France; elle a ouy les atroces accusations et » les preuves recherchées contre les jésuites » avec une extrême curiosité, eux n'ayant au-» cun avocat qui les défendît. Or, elle ne les a » point condamnés. Les accusations attachées au » plaidoyer d'Arnauld... sur l'État, sur la cor-» ruption de la jeunesse, sur la personne du roy » et toutes les autres, sont inventions de ténè-» bres et calomnies, malignement forgées et » sans preuves, jetées contre l'innocence de » cette compagnie. Argument péremptoire de ce » est le jugement de la même cour qui les a ju-» gées telles, ne condamnant pas les jésuites » sur icelles. — La même cour a vu que, si les » jésuites se sont joints au faict de la Ligue, ç'a » été avec le clergé de France, avec les autres or-» dres religieux, et qu'ils n'ont rien faict pour » aucun émolument temporel, mais pour le seul » zèle de la religion et du bien du royaume. »

Mais ce triomphe ne fut pas de longue durée. Quelque temps après, J. Chastel, qui avait étudié chez les jésuites, et avait entendu leurs thèses, au moins imprudentes, sur le droit de tuer les tyrans, ayant commis une tentative d'assassinat sur Henri IV, le parlement se repentit de sa tolérance pour cette compagnie, et le même arrêt qui condamna le coupable ordonna, dans un premier mouvement de douleur et d'indignation, que les prêtres et écoliers du collége de Clermont, comme corrupteurs de la jeunesse, perturbateurs du repos public et ennemis du roi et de l'État, videraient les lieux dans les trois jours de la signification (1).

On sait, au surplus, que les jésuites, dont l'exil avait été prononcé avec trop de précipitation, car ils n'avaient pas été entendus (2), furent rappelés en France par l'édit d'Henri IV du mois de septembre 1603 (3), rendu à la sollici-

(1) De Thou, liv. 110.

Duboulay, t. VI, p. 890.

Crevier, t. VI, p. 473.

V., dans le plaidoyer de Monclar, une lettre d'Henri IV à ce sujet, p. 45.

Ceci se passa en décembre 1594. Plusieurs parlements imitèrent cette rigueur. Mais les parlements de Toulouse et de Bordeaux maintinrent les jésuites. (Crevier, t. VI, p. 475.)

(2) M. de Sismondi, t. XXI, p. 321.

(3) Avant leur rappel officiel, ils avaient essayé de rentrer sourdement, et, pour éluder l'arrêt du parlement, ils introduisirent dans les colléges, et notamment dans le collége de

tation du pape. Mais quoique leurs apologistes ne cessassent de dire que l'*Université tirait l'aile depuis que les jésuites en étaient dehors* (1), leur collége de Clermont ne leur fut rendu qu'à la condition qu'ils n'y feraient pas de lectures et classes publiques (2). Comme j'ai traité ci-dessus de plusieurs incidents qui se rattachent à ce rappel, je n'y reviendrai pas ici, et je reprends les faits au point où les a laissés l'arrêt du parlement du 22 septembre 1611. De nouveaux et curieux incidents vont mettre les jésuites aux prises avec l'Université de Paris au sujet des études académiques.

En effet, aux états généraux tenus à Paris en 1614 (3), les jésuites trouvèrent dans le car-

Lyon, des jésuites cachés, qui, en quittant ostensiblement l'habit de leur ordre, en retenaient l'esprit. Plusieurs arrêts du parlement de Paris, et entre autres un arrêt rendu sur les conclusions de Marion, avocat général, à l'égard du collége de Lyon, maintinrent l'arrêt d'expulsion. (V. le 15e plaidoyer de Marion dans ses œuvres, et Crevier, t. VII, p. 26, 27; Duboulay l'a donné en entier, t. VI, p. 89 et suiv.; de Thou, liv. 119.)

(1) René de Lafon, p. 21.

(2) Déclaration du 27 juillet 1606. (Brillon, v° *Jésuites.*)

(3) V. M. de Sismondi, t. XXII, p. 297. Ils furent les derniers de l'ancienne monarchie avant ceux de 1789.

dinal du Perron un défenseur zélé (1) qui résolut de renouer la question de leur association à l'Université de Paris. Malgré la réforme de 1598, les maux de la Ligue pesaient encore sur ce corps savant. C'est pourquoi le cardinal du Perron, sous prétexte de lui rendre son ancien lustre, détermina le clergé à demander au roi le rétablissement des jésuites dans l'Université, en les soumettant aux lois académiques (2). L'Université s'alarma, et, pour détourner l'orage, elle souleva dans le sein des états la fameuse question de la dépossession des princes par l'Église, question que les jésuites avaient coutume de traiter dans leurs livres et leur enseignement dans un sens dont la Ligue n'avait que trop abusé. De violents débats s'élevèrent entre les trois ordres à ce sujet, et le célèbre discours du cardinal du Perron ne fit que les rendre plus ardents (3). La cour, favorable au clergé et aux jésuites, avait assoupi l'affaire par un arrêt du conseil du 6 janvier 1615 qui en ordonnait l'é-

(1) Sismondi, t. XXII, p. 319.

(2) *Mercure français*, t. III, p. 246 et suiv.
*Hist. générale de la compagnie de Jésus*, 1761, t. II, p. 82.

(3) Sismondi, t. XXII, p, 320.

vocation (1). En ce temps-là, le conseil commençait à devenir un moyen puissant de gouvernement et de concentration de l'autorité royale.

C'était beaucoup pour les jésuites d'avoir été demandés solennellement par un organe aussi respecté que l'ordre du clergé. Aussi, le 15 août 1618, obtinrent-ils un arrêt du conseil portant « que les derniers états généraux avaient » représenté au roi, en considération des bonnes » lettres et piété dont les pères jésuites font » profession, leur permettre d'enseigner dans » leur collége de Clermont... et évoquer à soi » et à son conseil les oppositions faites ou à faire » au contraire. S. M., étant en son conseil, a » évoqué et évoque... l'instance pendante au » parlement..., a ordonné et ordonne que les » pères jésuites feront à l'avenir lecture et le» çons publiques, en toutes sortes de sciences et » tous autres exercices de leur profession, au» dit collége de Clermont... lesquelles lectures en» tend S. M. demeurer dès à présent rétablies, sans » qu'il soit donné aucun empêchement au con» traire... à la charge de se soumettre aux lois » et règlemens de l'Université. Veut S. M. que

(1) *Id.*, p. 322.

» les pères jésuites soient remis en pleine pos-
» session desdites lectures par deux conseillers
» d'État et maîtres des requêtes... lesquels se
» transporteront sur les lieux (1). »

En conséquence, MM. Amelot et Fouquet, conseillers d'État, firent ouvrir solennellement les classes le 20 février 1619 (2).

Cet arrêt portait évidemment les preuves de l'erreur et de la surprise. Il attribuait aux états généraux un vœu auquel le tiers-état ne s'était pas associé, lui qui, au contraire, avait fait cause commune avec l'Université et adhéré à ses cahiers de doléance (3). Il dépouillait le parlement de la connaissance d'un litige qui lui appartenait. Enfin l'Université était condamnée sans avoir été entendue.

C'est probablement à cause de tous ces vices réunis que les jésuites ne firent pas signifier à leur rivale cette œuvre de subreption. Aussi l'Université crut-elle pouvoir poursuivre sa marche, comme si l'arrêt du conseil du 15 août 1618 n'eût pas existé.

(1) *Mercure français*, t. V, p. 6.

(2) *Id.*, p. 121.

*Hist. génér.*, t. II, p. 85 et 86.

(3) Sismondi, t. XXII, p. 317.

En conséquence, par deux décrets des 1er et 24 mars, elle décida que les études faites chez les jésuites ne seraient pas considérées comme académiques.

Nouvel arrêt du conseil, en date du 26 avril (1), qui casse les deux décrets de l'Université. Les jésuites le firent afficher partout; mais ils n'osèrent pas non plus le signifier à l'Université.

Tel était donc, en fait, l'état des choses au collége de Clermont, On y faisait des lecons publiques; l'Université ne pouvait paralyser cette concession du pouvoir royal. Mais les études faites chez les jésuites ne servaient pas pour obtenir les degrés; aucun maître de pension ne recevait chez lui des élèves qui allassent en classe au collége de Clermont. L'Université ne voulait tenir aucun compte des arrêts du conseil obtenus par défaut, sur de faux exposés, et non signifiés (2).

Les choses se passèrent ainsi jusqu'en 1643. Alors les jésuites ranimèrent leurs prétentions,

(1) *Mercure français*, t. V, p. 16.

(2) *Hist. générale de la compagnie de Jésus*, t. II, p. 91.

et ils détachèrent quatre de leurs écoliers pour demander au recteur le degré de maître ès arts, soutenant que les leçons de philosophie du collége de Clermont suffisaient pour acquérir ce degré. Ils furent refusés; alors ils présentèrent requête le 11 mars 1643, non au parlement, mais au conseil de S. M., qui leur était plus favorable, concluant: «que le collége de Clermont » sera déclaré être de l'Université de Paris... et » les écoliers recevables aux degrés, et fondés » aux mêmes droits que les autres sans distinc- » tion. »

Puis, par une précaution très remarquable, ils terminent de la manière suivante : « Et pour » ce qu'il est évident que lesdits recteurs et sup- » pôts de l'Université sont suspects pour l'exa- » men des écoliers des supplians, que par-de- » vant un tel nombre de leurs professeurs et au- » tres pères de leur compagnie qu'il plaira à » V. M. ordonner, il sera publiquement procédé » audit examen, sur le certificat desquels exami- » nateurs les lettres seront incontinent expédiées » auxdits écoliers (1). » Ce dernier chef des conclusions des jésuites était tout-à-fait logique à

(1) *Id.*, p. 379.

leur point de vue. Ce n'était rien en effet que de conquérir le droit des études académiques, si l'Université, restant juge des examens, conservait le pouvoir de rejeter arbitrairement les élèves du collége de Clermont. Une concession semblait devoir entraîner l'autre (1).

L'Université ne pouvait accepter une juridiction qui jusque-là s'était montrée aussi hostile à ses intérêts que le conseil de S. M.; elle requit le renvoi de l'affaire au parlement. Des factums passionnés, des apologies et des satires furent publiés de part et d'autre (2). Tout à coup l'affaire prit un haut degré d'intérêt et de gravité. Le recteur fit saisir chez quelques écoliers du collége de Clermont des cahiers de philosophie dans lesquels le père Hereau, professeur, enseignait les fameuses et éternelles propositions contre l'inviolabilité des princes, vieux débris du moyen âge qui servait d'aliment aux passions politiques et religieuses des con-

(1) C'est ce que remarque très bien l'Université de Paris elle-même dans son procès avec l'évêque de Périgueux, qu'on verra plus bas.

(2) Les apologies de l'Université furent rédigées par Hermant, chanoine de Beauvais.

temporains. Le parlement s'émut; il se préparait à frapper un coup vigoureux. La cour, livrée aux difficultés d'une minorité, craignit un éclat; elle fit défenses au parlement de se mêler de cet incident. Mais, pour donner à l'opinion publique vivement préoccupée une juste satisfaction, un arrêt du conseil du 3 mai 1644 blâma formellement l'enseignement philosophique du collége de Clermont, et condamna le père Hereau à tenir arrêt jusqu'à nouvel ordre (1).

Cet incident n'était pas de nature à procurer aux jésuites une heureuse solution pour les fins de la requête du 11 mars 1643. Les élèves du collége de Clermont continuèrent à ne pouvoir se prévaloir de leurs études dans ce collége pour obtenir les degrés.

En 1698, la question fut reproduite. Les jésuites la portèrent à la chambre des vacations du parlement; mais l'Université repoussa avec vigueur cette nouvelle tentative (2).

(1) *Hist. générale de la compagnie de Jésus*, t. II, p. 401, 402, 403.

Le texte de cet arrêt y est en entier.

(2) *Hist. gén., etc., etc.*, t. II, p. 409.

Sa requête intitulée: *Mémoire instructif*, a été imprimée

Ces nombreux échecs ont permis à l'Université de dire en 1732 (1) :

« Il n'est pas étonnant que l'Université ait » toujours interdit à ses suppôts tout commerce » public avec les pères jésuites, et qu'elle ait » apporté tous ses soins pour leur fermer toute » entrée dans ses colléges ; que par une loi aca» démique qui, de main en main, a passé de » nos ancêtres jusqu'à nous, il n'est pas permis » d'admettre dans les liens académiques aucun » membre de cette société pour y faire aucun » acte ou instruction publique (2). »

Bizarre coïncidence !! A la suite d'une visite de Louis XIV au collége de Clermont, cet établissement incrivit sur ses murailles le nom du roi et prit désormais le titre de collége Louis-le-Grand. Ce foyer célèbre de l'esprit de la société, ce théâtre de tant de troubles et d'émotions, d'où la Ligue avait porté à Henri IV tant de coups ennemis, vint se mettre, un siè-

dans un recueil en 4 vol. in-12, intitulé : *Théologie des jésuites* (*in fine*).

(1) *Id.*, p. 412.

(2) L'Université ne permettait même pas qu'ils vinssent prêcher dans ses colléges.

*Hist. gén.*, t. I.

cle après, sous la protection de son illustre petit-fils, et reconnaître que le droit d'enseigner était plus que jamais, en France, un droit régalien!!!

Sous le règne suivant, les jésuites font la rude expérience de ce droit. L'édit du mois de novembre 1764, enregistré le 1er décembre suivant, les chasse de France (1), et leur collége Louis-le-Grand, qu'ils ne purent jamais incorporer à l'Université, devint, depuis leur suppression, le chef-lieu de l'Université même (2)!!!

(1) Durand de Maillane, v° *Jésuite*.

(2) Guyot, *Anc. rép.*, v° *Collége*.

## CHAPITRE XXXI.

### DE QUELQUES TENTATIVES FAITES EN PROVINCE PAR LES JÉSUITES POUR S'ÉRIGER EN UNIVERSITÉS OU POUR S'INTRODUIRE DANS LES UNIVERSITÉS EXISTANTES. — DIVERSITÉ DE LEUR FORTUNE A CET ÉGARD.

Il est donc vrai que l'Université de Paris repoussa toujours toute alliance volontaire avec les ordres religieux enseignants ; qu'interprète vigilante d'une distinction capitale entre le clergé séculier et le clergé régulier (1), amie et auxiliaire zélée du premier, adversaire constante du second dans l'enseignement, elle ne se laissa pas surtout entamer par les jésuites.

Voyons maintenant comment les universités

(1) Voyez encore ce qu'elle dit *infrà*, p. 270.

de province s'accordèrent avec ces pères sur les études académiques, objet de leur ambition et but désormais avoué de leur établissement.

Le cardinal de Tournon avait obtenu du pape Jules III, le 3 mai 1552, l'érection d'une université dans la petite ville dont il portait le nom; la bulle du pape avait été reçue par lettres patentes d'Henri II du 9 novembre 1552, et enregistrée au parlement de Toulouse le 11 avril 1553 (1).

Le 6 janvier 1559, le cardinal donna aux jésuites, qu'il affectionnait particulièrement, son collége de Tournon, à la charge par eux de tenir l'Université. Ce choix était d'autant mieux calculé que, comme je l'ai dit ci-dessus, le pape Jules III avait investi la compagnie de Jésus du droit de graduer les écoliers de tous leurs colléges situés tant dans les universités qu'en dehors. Les jésuites obtinrent en conséquence des lettres patentes qui furent enregistrées au parlement de Toulouse, mais *seulement aux charges et conditions mentionnées en l'acte de l'assemblée tenue à Poissy*. On sait que cet acte leur défen-

(1) V. dans Filleau, t. II, p. 3, t. 9, l'arrêt du conseil du 27 sept. 1624, et l'*Hist. gén. de la comp. de Jésus*, t. II, p. 186 et suiv.

dait de rien entreprendre au préjudice des universités.

Au mois de décembre 1622 ils obtinrent de nouvelles lettres patentes du roi Louis XIII, qui leur accordait le droit d'université, conformément à la bulle du pape Jules III sollicitée par le cardinal de Tournon. L'enregistrement en avait eu lieu au parlement de Toulouse le 9 février 1623.

Les Universités de Toulouse, de Valence et de Cahors, informées de ces procédures, y formèrent opposition, et un arrêt du parlement de cette ville du 13 juillet 1623 fit « défenses aux » pères du collége des jésuites de Tournon de » prendre le nom, titre ni qualité d'université, » ni bailler aucun matricule, testimoniales d'é- » tude, ni aucun degré en aucune faculté, ni » nomination aux bénéfices (1). »

Les jésuites se pourvurent en cassation auprès du conseil du roi, par requête du 15 septembre 1623; l'Université de Paris intervint, avec les Universités de Bordeaux, Reims, Poitiers, Caen, Bourges, Orléans, Angers, Aix (2).

(1) Filleau, *loc. cit.*

(2) Monclar, p. 52.

A cette époque, Strasbourg n'appartenait pas à la France ; et les Universités de Montpellier et de Pau étaient dominées par l'influence des jésuites. C'est ce qui explique leur absence dans cette ligue de tous les corps enseignants pour la conservation de leurs droits et du droit de l'État(1).

Les défenses des universités réunies furent vives et pressantes. Elles font ressortir l'incompatibilité des maximes des jésuites avec celles des universités touchant les sacrées personnes des rois et les libertés de l'Église gallicane ; le peu de foi qu'il fallait faire dans les promesses de ces pères d'exécuter les conditions de leur réception en France ; le danger de leurs lois particulières ; leur hardiesse à s'emparer de tous les moyens pour gouverner, jusqu'à se donner des presses clandestines dans leur collége de Clermont, etc., etc.

Ces défenses eurent un plein succès, et, par deux arrêts du conseil des 27 septembre 1624 et 27 mars 1626, les jésuites furent déboutés de leur instance en cassation.

Vers la même époque, un arrêt du conseil du 19 septembre 1625 fit échouer une tentative

(1) *Hist. gén. de la comp.*, t. II, p. 192.

de même nature ayant pour but d'établir les jésuites en université à Angoulême (1). L'Université de Paris surveillait leurs projets et leurs démarches. Elle intervenait contre eux partout où elle croyait pouvoir les combattre utilement. L'arrêt du conseil du 19 septembre 1625 fut rendu entre elle et la société.

Dans le même temps, les jésuites avaient entrepris de fonder à Senlis et à Pontoise deux colléges de plein exercice; mais, sur l'opposition de l'Université de Paris, l'érection en fut arrêtée par le parlement et le conseil de Sa Majesté (2).

En même temps, les jésuites, toujours infatigables, demandèrent l'agrégation de leur collége de Toulouse à l'Université de cette ville (18 septembre 1621) (3). Pour mettre la paix dans l'enseignement, la cour désirait en général l'union des universités avec les jésuites. Le garde des sceaux exprima ce vœu aux députés

(1) Filleau, t. II, p. 3, tit. 9, ch. 10.
Brillon, v° *Jésuites*.
*Hist. gén.*, t. II, p. 163.

(2) Requête de l'Université de Paris, dans Piales, t. I, p. 301.
*Junge* Brillon, v° *Collége*.

(3) *Hist. gén.*, t. II, p. 174.

de l'Université de Toulouse, qui étaient venus l'entretenir sur ce sujet (1624), et demanda une délibération conforme. L'Université de Toulouse répondit avec fermeté par un refus.

Les jésuites revinrent à la charge en 1681. Nouveau refus de l'Université. Les pères se pourvurent au conseil et y obtinrent, le 7 avril, un arrêt portant « que le collége des jésuites sera pour tou- » jours uni et incorporé avec ses classes de phi- » losophie, théologie et autres, à ladite Univer- » sité..., donnant pouvoir auxdits pères jésui- » tes de graduer les écoliers dudit collége et de » jouir de tous les autres droits, honneurs, » prérogatives et avantages de ladite Univer- » sité (1). »

Les jésuites, devenus maîtres du terrain par cette décision obtenue sans que l'Université eût été entendue, troublèrent son repos par leurs prétentions. Ils obligèrent à la retraite les professeurs dominicains, et leur présence fut un sujet continuel de difficultés, de luttes, de procès (2).

Ils eurent également les droits académiques

(1) *Id.*, p. 177.

(2) Req. de l'Université de Toulouse de 1736, dans un procès porté à Toulouse.—*Hist. gén.*, t. II, p. 179.

dans les Universités de Pau, de Poitiers (1), de Douai (2) et de Montpellier. Mais rien de plus curieux que les plaintes élevées par Colbert, évêque de cette dernière ville et chancelier de l'Université, sur les empiètements des jésuites (3). Suivant ce prélat, on les voit recourir à la voie extraordinaire des arrêts du conseil pour exclure violemment les professeurs dominicains, qui cependant remplissaient leurs chaires avec réputation, secouer le joug du chancelier et absorber les principaux droits de l'évêque. J'ignore s'il y a exagération dans ce tableau, mais il est certain que la paix nécessaire aux études souffrait de cet état violent.

(1) Ils y furent incorporés en 1604 ; ils avaient droit à un bonnet de docteur dans la faculté des arts, à cause du collége de Sainte-Marthe qui était uni à leur maison. Un arrêt du parlement de Paris, du 3 février 1696, décide qu'un jésuite peut être doyen dans la faculté des arts. (*Journ. des audiences*, t. IV, liv. 11, ch. 4.)

Sur les difficultés de leur établissement à Poitiers, voyez *Mémoires de Sully*, t. II, chap. 5, et t. III, p. 86.

(2) Ils y étaient incorporés quand Douai fut réuni à la France. (*Hist. gén.*, t. II, p. 106, 122, et t. III, p. 41.)

(3) V. le recueil des ouvrages de ce prélat, t. I, p. 601. Sa lettre est adressée au pape Benoît XIII, 1er févr. 1725. *Junge : Hist. gén.*, t. III, p. 30.

La compagnie fut moins heureuse avec l'Université de Reims (1). En 1724, ayant fait évoquer au conseil la procédure relative à son agrégation, le garde des sceaux d'Armenonville, frère d'un jésuite et dévoué à cet ordre, allait la faire juger par un arrêt favorable. L'Université de Paris, dont la vigilance ne se reposait jamais, intervint; elle publia en 1724 une requête tellement vigoureuse que le garde des sceaux en fut effrayé pour ses protégés. L'affaire ne fut pas décidée.

C'est à peu près ce qui arriva pour leur agrégation à l'Université de Caen. Une requête présentée au roi en 1721 par cette université rappelle le commencement de la querelle, les efforts des jésuites pour obtenir des lettres patentes qu'ils n'osèrent ensuite présenter au parlement de Normandie (2), par crainte d'un refus d'enregistrement; enfin leur défaut de titre pour être incorporés à l'Université.

L'Université d'Aix ne souffrit pas non plus l'introduction des jésuites dans son sein (3).

C'est en faisant allusion à ces demêlés que

(1) *Hist. gén.*, t. I, p. 495.

(2) Du 6 sept. 1608.

(3) *Hist. gén.*, t. III, p. 242.

l'arrêtiste Brillon a dit : « Les jésuites et les » universités *non coutuntur* : est-ce jalousie, » est-ce droit ? est-ce privilége, est-ce convenan- » ce (1) ? » Il avait fait ses études au collége de Clermont.

Au reste, il ne faut pas s'y méprendre : l'incorporation des jésuites n'élevait pas tous leurs colléges au plein exercice. Les seuls qui jouissaient de ce privilége étaient ceux qui avaient été spécialement agrégés aux universités. Les autres colléges de la société étaient privés des études académiques.

On voit que, dans leurs débats avec les universités de province, ils furent plus forts qu'avec l'Université de Paris, et que souvent les arrêts du conseil les firent triompher. Mais ces succès ne sont pas ce qui nous importe le plus. Le point capital dans nos recherches, c'est que ces victoires ne furent jamais obtenues par un droit propre aux jésuites ou par un secours prépondérant venu d'un pouvoir étranger ; c'est qu'elles furent dues à une pure libéralité de la puissance publique, qui fut généreuse quand il n'y eut pas de danger à l'être, et retira son bien-

(1) V° *Jésuites*, n° 19.

fait quand il parut périlleux pour le bienfaiteur (1).

(1) Voyez en effet l'édit d'expulsion et de fermeture des colléges des jésuites que j'ai cité *suprà*, p. 237.

## CHAPITRE XXXII.

### CONSÉQUENCES DES DEUX CHAPITRES PRÉCÉDENTS.

De tous ces faits il résulte pour le jurisconsulte les conséquences suivantes. C'est que nul établissement d'enseignement ne pouvait être formé sans lettres patentes vérifiées au parlement, et sans être soumis à des conditions précises de surveillance de la part des officiers du roi; c'est que la concession était toujours précaire et révocable, le roi pouvant la retirer à sa volonté.

C'est que le collége ainsi constitué n'avait pas pour cela le droit de faire des études académiques. Il fallait une union expresse à l'Université en vertu de lettres patentes (1).

C'est qu'enfin cette incorporation n'était pas encore suffisante, et qu'il fallait l'*exequatur* de l'université à laquelle on était agrégé, sauf contestation devant qui de droit, en cas de refus de l'université.

On voit par-là combien de barrières devaient être franchies pour arriver au privilége des études académiques.

(1) V. d'ailleurs, ci-dessus, le plaidoyer de Servin pour l'Université.

## CHAPITRE XXXIII.

### TENTATIVE DES ÉVÊQUES POUR PROCURER A LEURS SÉMINAIRES LE PRIVILÉGE DES ÉTUDES ACADÉMIQUES.

Je passe maintenant à un autre ordre de faits qui va achever de mettre en lumière le privilége des universités pour les études académiques. Ces faits sont peu connus aujourd'hui, et ils m'ont paru assez curieux pour mériter que je m'y arrêtasse un instant.

On n'a pas oublié ce que j'ai dit ci-dessus des écoles chrétiennes établies dès les premiers temps du christianisme auprès des évêques pour l'instruction des clercs. Protégées par les empereurs, elles n'échappèrent cependant pas à leur surveillance. Car Zénon fit fermer la célèbre école d'Édesse parce qu'elle était infectée des erreurs de Nestorius (1).

Lorsque, par suite des révolutions dont j'ai donné plus haut une rapide esquisse, l'enseignement séculier eut entièrement péri, ces séminaires de l'Église devinrent le seul foyer de l'instruction publique. J'ai dit comment ils donnèrent naissance à un grand mouvement intellectuel, et se confondirent avec les universités. Alors tombèrent en désuétude les fonctions des théologiens et des précepteurs (2). Les évêques se reposèrent sur les docteurs des universités de l'instruction des clercs pour la théologie et les canons, et sur les régents des colléges incorporés aux universités pour les études inférieures (3).

Cet état de choses tourna au profit des lettres et à la plus grande instruction du clergé pendant plusieurs siècles (4). Mais lorsque le nom-

(1) Thomassin, t. II, p. 599.

(2) Fleury, *Institut. du droit ecclésiast.*, p. 181, ch. 20. Walter, *Manuel du droit ecclésiastique*, § 197.

(3) Fleury, *loc. cit.*

(4) On ne peut assez s'étonner que M. Walter ait écrit

bre des laïcs fut devenu plus considérable que celui des clercs dans les universités, ce mélange continu de deux vocations diverses parut avoir des inconvénients, et l'Église songea dès lors à séparer en partie du contact des idées et des intérêts temporels ceux qui se vouaient à l'état ecclésiastique. Le concile de Trente décréta en effet l'institution des séminaires (1), c'est-à-dire de colléges particuliers, destinés à former de jeunes clercs et à les préparer à recevoir les ordres (2).

En conséquence, le concile ordonna de prendre, autant que faire se pourra, dans la classe pauvre, des enfants de douze ans et au-dessous, chez lesquels se montrerait la vocation ecclésiastique; de leur donner la tonsure et l'habit clérical; de les nourrir en commun dans une maison proche de l'évêque, du moins dans la même ville; de leur faire étudier la grammaire, le chant, l'Écriture sainte, les matières ecclésiastiques, les homélies, ce qui est nécessaire

que pendant ce régime les *mœurs furent envahies par une indicible barbarie*. (*Manuel de droit ecclésiast.*, § 197.)

(1) Sess. 23, ch. 18, *Du ref.*

(2) Fleury, *loc. cit.*

pour l'administration des sacrements et les cérémonies de l'Église (1).

Le concile ajoute que les évêques obligeront ceux qui possèdent des scolastiques, et autres prébendes auxquelles est attachée l'obligation de faire des leçons, d'enseigner dans ces établissements ou de se substituer un remplaçant capable, avec l'autorisation de l'évêque ; voulant qu'à l'avenir ces sortes de dignités ne soient données qu'à des docteurs, ou licenciés en théologie et en droit canon.

On sait que, d'après un principe constant des libertés de l'Église gallicane, les décrets des conciles œcuméniques, relatifs à la discipline, ne peuvent devenir lois de l'État qu'autant qu'ils ont été adoptés par la libre sanction du pouvoir temporel (2).

Or, l'institution des séminaires ayant paru fort sage fut reçue en France par l'ordonnance de Blois (art. 24) (3), qui ordonna aux évêques

(1) Voyez dans Durand de Maillane, v° *Séminaire*, ce texte traduit.

(2) On peut consulter à cet égard le célèbre arrêt du conseil du 24 mai 1766 qui fixe les droits respectifs de la puissance ecclésiastique et du pouvoir temporel. Il est en entier dans Durand de Maillane, v° *Constitution*.

(3) En voici le texte : « Et d'autant que l'institution des

d'établir leurs séminaires en la forme la plus propre selon la nécessité et les conditions des lieux. Ce précepte fut rappelé de nouveau dans l'article 1 de l'édit de Melun, l'article 6 de l'ordonnance de 1627 et la déclaration du 15 septembre 1698 (1), qui est ainsi conçue : « Nous ex- » hortons, et néanmoins enjoignons à tous les » archevêques et évêques de notre royaume d'é- » tablir incessamment des séminaires dans les

» séminaires et colléges, qui ont été establis en aucuns évê- » chés de cettuy nostre royaume, pour l'instruction de la » jeunesse tant aux bonnes et saintes lettres qu'au service » divin, a apporté beaucoup de bien à l'Église, et même en » plusieurs provinces de cettuy royaume, grandement déso- » lées pour l'injure du tems et dépourvues de ministres ec- » clésiastiques. Admonestons et néanmoins enjoignons aux » archevêques et évêques d'en dresser et instituer en leurs » diocèses, et aviser de la forme qui semblera être la plus » propre selon la nécessité et condition des lieux, et pour- » voir à la fondation et dotation d'iceux par union de béné- » fices, assignation de pensions et autrement, ainsi qu'ils » verront être à faire, enjoignons à tous nos officiers, tant » de nos cours souveraines qu'autres, de tenir la main à » l'exécution de ce qui aura été ordonné pour l'institution, » dotation et règlement desdits séminaires. »

(1) Voyez Brillon, v° *Séminaire.*
*Mém. du clergé*, t. IV, p. 472 et suiv.
Durand de Maillane, *loc. cit.*

» diocèses où il n'y en a point, pour y former des » ecclésiastiques ; et d'établir , autant qu'il » sera possible, dans les diocèses où il y en a déjà » pour les clercs plus âgés, des maisons particu» lières, pour l'éducation des jeunes clercs pau» vres, depuis l'âge de douze ans, qui paraîtraient » avoir de bonnes dispositions pour l'état ecclé» siastique, et de pourvoir à la subsistance des » uns et des autres par union des bénéfices. »

Mais bientôt on s'aperçut combien il y avait de difficultés à juger de la vocation des enfants; car souvent, après les avoir tirés de la pauvreté et élevés à grands frais, on était obligé de les renvoyer dans le siècle. Or, le clergé français, fidèle exécuteur de la volonté du concile de Trente, entendait semer pour l'Église seule et non pas pour le siècle. Exempt de toute arrière-pensée sur l'enseignement laïc, il voulait sincèrement que les jeunes sujets, cultivés par ses mains dans le but de peupler le saint ministère, fussent transplantés dans la société religieuse seule, et nullement dans la société civile. Il arriva donc, ainsi que nous l'apprend l'abbé Fleury (1), que, dans presque tous

(1) *Inst. au droit canonique*, ch. 20, p. 184.

les diocèses, on supprima les basses classes dans les séminaires, et on n'y admit que ceux qui étaient en état d'étudier en théologie, ou au moins en philosophie (1). Ainsi disparurent, en général, les petits séminaires (2). C'est probablement pour ce motif qu'il n'en est pas question dans le concordat passé entre Napoléon et le pape Pie VII, lequel n'accorde aux évêques qu'un séminaire, qu'une école spéciale de théologie (3). Nous devons cependant ajouter que, dans de rares diocèses, les petits séminaires avaient survécu à cette désuétude (4). Quelques évêques, en petit nombre, les avaient conservés. Mais, ce qui est très remarquable, c'est que les élèves de ces petits séminaires allaient dans les colléges de l'Université étudier la grammaire. Ce fait nous est attesté par Boucher d'Argis dans

(1) Durand de Maillane, *loc. cit.*, p. 267, a copié Fleury.

(2) Le mot n'est pas nouveau : on le trouve dans les anciens canonistes (voyez Durand, *loc. cit.*, et les notes de Boucher d'Argis sur Fleury, *Inst. au droit canon*, p. 182, *note* 2.

*Junge* Rousseaud-Lacombe, v° *Séminaire.*

(3) 8 avril 1802.

(4) Durand de Maillane, *loc. cit.*

ses notes sur les institutions au droit ecclésiastique de l'abbé Fleury (1).

Revenons maintenant aux séminaires proprement dits, à ces asiles établis pour préparer les clercs à recevoir les ordres. Ils se recrutaient parmi les jeunes gens qui, après avoir passé par toutes les classes des colléges, n'avaient plus à étudier que la théologie (2). Souvent les jésuites, ou autres religieux voués à l'enseignement, les dirigeaient sous l'autorité de l'évêque (3). Le pouvoir civil s'était confié à la sagesse des prélats pour ce gouvernement d'une institution cléricale. Et, néanmoins, il n'avait pas entendu abdiquer le droit de s'en mêler dans la mesure des prérogatives de la puissance temporelle. C'est ce qui résulte du mémorable arrêt du conseil du 24 mai 1766 que je citais il n'y a qu'un instant (4) et qui, après avoir posé avec force dans ses considérants les principes raisonnés du droit public français, ordonne que la déclaration du clergé de 1682 *soit inviolablement observée et soute-*

(1) Ch. 20,

(2) Fleury, *loc. cit.*

(3) Walter, *Manuel de droit ecclésiast.*, § 197.

(4) Pag. 254 en note.

*nue dans tous les séminaires,* conformément à l'édit de 1682.

On sait que les lois canoniques et civiles réservaient de grands priviléges aux ecclésiastiques qui avaient pris leurs degrés en théologie et en droit canon dans les universités du royaume. Les études académiques étaient une route nécessaire pour parvenir à des dignités de l'Église, à certaines cures, à des bénéfices et à des charges cléricales (1). Elles rattachaient le clergé aux universités par un lien inévitable, par une fréquentation nécessaire.

L'établissement des séminaires étant survenu dans ces entrefaites, et ayant pris un développement considérable, plusieurs évêques conçurent l'idée d'attribuer à ces écoles le privilége des gradués. Ils demandèrent donc au roi (2) de les agréger et incorporer aux universités, afin que les études y fussent considérées comme académiques, qu'elles tinssent lieu des études universitaires et procurassent des titres légaux

(1) Piales a traité à fond cette matière curieuse dans son ouvrage *De l'expectative des gradués,* en huit volumes. J'ai souvent cité le premier. On peut voir aussi, sur l'origine des degrés, le t. III, p. 237 et suiv.

(2) Notez ceci.

pour l'expectative. Cette idée était féconde en graves conséquences. Elle ne tendait à rien moins qu'à enlever aux universités un de leurs plus beaux fleurons, une de leurs prérogatives les plus nobles et les plus chères. Sous prétexte d'une association purement apparente et nominale, c'était la rupture des liens qui assujétissaient le clergé aux universités; c'était la domination exclusive du clergé sur les études destinées à procurer des droits au temporel ecclésiastique.

Néanmoins, la première fois que cette idée fut mise en avant, elle passa sans qu'on en aperçût la portée; on ne vit pas « que les universités » et les séminaires, ainsi que le disait Target (1), » sont d'une nature et d'un objet trop différents » pour former aisément les membres d'un même » corps, et que c'était nuire à tous les deux que » de donner à l'un les avantages de l'autre. » En conséquence, l'évêque de Viviers, celui du Puy, et l'archevêque de Lyon (ce dernier était le cardinal de Tencin, ministre d'État (2)), gagnè-

(1) Dans une affaire portée au grand conseil, en 1762. (Guyot, *Rép.*, v° *Agrégation*.)

(2) Guyot, *Rép.*, v° *Gradué*.

rent le consentement de l'Université de Valence pour l'agrégation de leurs seminaires à cette corporation (1), et obtinrent des lettres patentes du roi.

Ces lettres furent enregistrées au parlement de Grenoble ; une condition essentielle de l'agrégation était qu'elle n'aurait lieu qu'autant que les séminaires incorporés à l'Université de Valence se conformeraient en tout aux règlements, statuts et police de ladite Université ; faute de quoi l'agrégation serait nulle. Il paraît que c'est cette condition qui détermina les magistrats à ne pas s'opposer à l'enregistrement des lettres patentes. Ils pensèrent que tous les règlements faits par eux pour l'Université de Valence devant être observés dans les séminaires agrégés, ces établissements étaient nécessairement soumis à leur autorité et à leur inspection (2). Ainsi donc, grâce à ce lien de dépendance entre le pouvoir civil et les séminaires dont il s'agit, les gradués qui sortaient de leur sein avaient

(1) En 1737. Voyez la requête de l'Université de Paris, dans Piales, t. I, p. 248 ; et d'Aguesseau, t. X, p. 181.

(2) Voyez ce que dit là-dessus l'auteur de l'art. *Agrégation*, dans le Répert. de Guyot.

droit aux bénéfices situés dans le ressort du parlement de Grenoble, comme s'ils eussent été gradués dans une université. Le parlement de Toulouse suivait les mêmes errements (1).

Mais ce qui est remarquable, c'est que les prélats qui avaient obtenu ces lettres patentes d'agrégation n'osèrent pas les faire enregistrer au parlement de Paris, où l'on conservait des principes plus sévères sur les droits respectifs des séminaires et des universités. Aussi les gradués, pour études faites dans les séminaires de Viviers, du Puy et de Lyon, ne purent-ils jamais se faire investir des bénéfices situés dans le ressort du parlement de Paris (2). On n'y tenait aucun compte de leurs études et de leurs degrés.

Quoi qu'il en soit, cet exemple d'agrégation, bien que paralysé dans quelques-uns de ses effets, produisait néanmoins des avantages assez sérieux pour exciter le zèle des évêques du royaume. En conséquence, l'évêque de Périgueux, espérant trouver dans l'Université et

(1) Voyez Guyot, *loc. cit.*, le procès plaidé au grand conseil et jugé par arrêt du 29 novembre 1762.

(2) Guyot, *loc. cit.*, v° *Gradué.*

le parlement de Bordeaux la même complaisance qui avait assuré à Valence, Grenoble et Toulouse, le succès des agrégations, demanda au roi que les cours de belles lettres et de théologie suivis dans ses deux séminaires fussent académiques. Mais l'Université de Bordeaux, plus attentive que celle de Valence, comprit le danger qui la menaçait. En conséquence, les facultés des arts et de théologie formèrent une opposition en règle à cette demande. L'Université de Paris, que l'on considérait comme la mère de toutes les autres (1), intervint par une requête au roi en son conseil, dont l'admissibilité était fondée sur ce que cette université avait droit de défendre, non-seulement en ses causes particulières, mais encore en *celles concernant l'état public du royaume* (2). Cette requête est curieuse; elle développe des considérations de la plus grande force, tirées de l'histoire, des textes des lois, de l'esprit des sociétés religieuses, de l'organisation des universités. Je

(1) Piales, t. III, p. 368, et surtout ordonnance de 1651 (Louis XIV), qui lui donna le titre de *mère de toutes les universités chrétiennes.* (Néron, t. II, p. 29.)

(2) Paroles de l'avocat général Dumesnil. (Piales, t. I, p. 244.)

vais essayer d'en donner quelques fragments (1) pour montrer quel était, dans le dernier état de l'ancienne monarchie, le système de l'enseignement public, le droit du prince, et le privilége des études académiques.

« Les universités ont des règlements et sta- » tuts émanés de la puissance royale, ou autori- » sés par elle. Il y a un premier chef commun à » tout le corps ; les différentes parties dont le » corps est composé ont aussi chacune leurs » chefs particuliers qui, avec le premier chef » auquel ils sont subordonnés, forment une » *espèce de sénat académique*. Ce sénat est déposi- » taire de l'autorité publique. Mais, dans les ma- » tières de grande importance, il ne peut l'exer- » cer que de l'avis et du consentement de tout » le corps. Le premier chef veille sur tout le » corps. Les chefs veillent chacun sur la partie » à laquelle ils président, et tous les chefs, aussi » bien que tout le corps, *sont sous l'inspection des* » *magistrats dépositaires de l'autorité royale.*

» De tout temps, le clergé séculier et le clergé » régulier ont prouvé, par leur empressement à » se rendre aux écoles de l'Université (1), que

(1) Piales la donne tout au long (*loc. cit.*).

(2) Une bulle du pape Benoît XII, datée d'Avignon, en

» ce n'est que là qu'il est possible de s'instruire » et d'avancer dans les sciences. Jamais on ne » peut faire passer dans une école particulière » l'ardeur et l'émulation qui animent les études » des universités.

» Depuis plus de huit cents ans qu'il y a des » écoles publiques et générales dans le royaume, » il n'était encore venu dans l'esprit de personne » de croire qu'une université pût être divisée » de telle sorte qu'elle fût en partie dans une » ville et en partie dans une autre... On a tou» jours été persuadé qu'il était essentiel que » chacune d'elles fût tout entière dans un seul » et unique endroit. L'unité de lieu est de l'es» sence et de la nature des universités.

» Comment, en effet, les recteurs, les doyens, » pourraient-ils surveiller, visiter, reprendre, si » les écoles étaient à vingt, trente ou quarante » lieues de l'endroit où, par leur état et leurs » charges mêmes, ils sont tenus de résider? Il ar» riverait donc qu'un collége serait membre » d'une université, et que cette université n'en » pourrait régler la discipline, que les thèses

1337 (rapportée dans Duboulay, t. IV, p. 252 et 253), en imposait le devoir à un certain nombre de religieux et de chanoines de chaque monastère et chapitre,

» leur seraient étrangères ; qu'elle n'aurait pas » droit de les censurer, que s'il s'y introduisait » des abus, et qu'elle n'aurait pas droit de les » réformer !!! Les universités pourraient-elles » reconnaître de pareilles écoles et leur communiquer leurs priviléges ?

» On a dit que les universités sont placées » sous les yeux des magistrats dépositaires de » l'autorité royale. On y élève la jeunesse dans » nos précieuses et importantes maximes sur l'indépendance de la couronne et sur les libertés » de l'Église gallicane. Les ecclésiastiques sont » ceux-là surtout qui doivent en être le mieux » instruits. L'histoire donne assez de preuves du » zèle des universités pour ces maximes... Mais » doit-on avoir la *même confiance pour des écoles » particulières dont les études sont secrètes, et qui » n'ont pas les mêmes surveillants que celles des universités ?*

» Les universités sont des foyers d'émulation » entre les maîtres et les élèves. Cet avantage » précieux ne saurait être le partage des écoles » isolées et peu nombreuses.

» C'est une règle commune à toutes les universités de n'accorder les degrés *qu'aux étudiants qui leur sont connus* et qui ont rempli les

» cours d'études fixés dans chaque faculté. Ce » règlement est une suite naturelle des vues » qu'on s'est proposées dans l'érection des uni- » versités. Instituées pour faire fleurir les scien- » ces et former des sujets capables de servir l'É- » glise et l'État, elles ont pour fin primitive et » essentielle de soutenir les études ; et les degrés » qu'elles confèrent sont destinés et à animer » les études et à les récompenser. — Réduire » les universités à la simple fonction de distri- » buer le prix des études, ce serait aller direc- » tement contre leur destination. *Elles n'ont pas » été établies pour récompenser des savants, mais pour » en former !!* Les écoles particulières ne peuvent » mériter la même confiance que les écoles aca- » démiques pour les études auxquelles les de- » grés sont attachés. Que prouve d'ailleurs quel- » quefois un examen passager? Cette épreuve » peut-elle paraître un témoignage suffisant de » capacité? Peut-on compter que l'examen se » fera toujours avec la même attention? etc.....

» Maintenant, on va montrer ce que sont les » séminaires, afin de convaincre qu'ils ne peu- » vent jamais devenir écoles académiques.

» Rien n'est plus louable sans doute que l'ob- » jet de ces établissements, et l'Université est

» bien éloignée de refuser à ces maisons et à » ceux qui, sous l'autorité des évêques, sont char- » gés de les gouverner, les éloges qu'ils méritent » à si juste titre. Mais elle soutient qu'il y a d'au- » tres avantages qu'ils ne possèdent pas.

» Les universités sont destinées à former la » jeunesse par l'étude des lettres, des sciences » et de la religion. Les séminaires ont pour ob- » jet de mettre à l'épreuve la vocation des jeunes » ecclésiastiques, de les former à la pratique des » vertus de leur état, de leur en apprendre les » devoirs.

» Toutes les écoles d'une université doivent » être réunies dans un même lieu : le succès des » études en dépend. Les séminaires, au con- » traire, sont situés dans les différents diocèses » pour lesquels ils sont établis.

» Les écoles académiques sont toutes soumi- » ses à la juridiction du recteur et de son conseil. » Il est en droit, il est même de son devoir d'en » faire la visite, d'y ordonner l'exécution des sta- » tuts, d'en réformer les abus. Rien ne serait » plus opposé, non-seulement aux statuts des » universités, mais aux ordonnances même du » royaume, que des écoles unies à une univer- » sité et indépendantes du recteur qui en est le

» chef. Le gouvernement des séminaires dépend » uniquement de l'évêque ; lui seul y donne des » lois, lui seul en règle les usages, les études et » les doctrines. Tous ceux qui les composent, » directeurs et élèves, dépendent uniquement » de son autorité.

» Ne serait-ce donc pas faire violence aux lois » institutives des universités que d'introduire » dans leur sein des établissements qui en sont » si éloignés par leur destination et leurs usa- » ges ?

» D'un autre côté, peut-on se promettre que » les séminaires soient des établissements où les » études se soutiennent comme dans les éco- » les académiques ? Une assez longue expérience » a fait connaître quelle est la force des études » dans les séminaires. On peut avancer avec une » confiance entière que, bien inférieures à celles » des universités, elles n'ont jamais formé des » sujets comparables à ceux qui sont sortis des » écoles publiques . . . . . . . . . . . . . . .

» La destruction des universités est inévitable » s'il est permis à chaque évêque particulier d'é- » tablir des écoles de philosophie ou autres scien- » ces supérieures au préjudice des universités.

» Et ce préjudice tournerait au détriment du

» bien public, particulièrement intéressé à la » conservation des *universités, qui sont les sémi- » naires naturels de l'Église et de l'État.*

» D'ailleurs l'agrégation des séminaires aux » universités serait une source d'abus et de » fraudes qu'il ne serait pas possible d'empêcher. » Les professeurs ou directeurs des séminaires, » ayant le droit de donner des lettres testimo- » niales d'études, il leur serait facile d'en ac- » corder non-seulement aux séminaristes, mais » aux étrangers qu'ils admettraient dans leurs » écoles, ou même à des sujets qui n'auraient » pas pris leurs leçons. Par-là, les degrés qui » sont réservés aux études académiques seraient » prodigués à toutes sortes de personnes sur la » simple épreuve d'un examen passager.

» ... Les séminaires agrégés aux universités » formeraient autant d'écoles isolées et indépen- » dantes, qui auraient leur sentiment propre, » leur manière d'instruire. Quelle source *de dis- » putes, de divisions, et peut-être d'erreurs !!*

» La plupart des séminaires sont confiés à des » communautés, aux chanoines réguliers de sainte » Geneviève, aux Eudistes, aux pères de l'Ora- » toire, aux Jésuites, aux missionnaires de saint » Lazare, aux doctrinaires, etc. Par l'agréga-

» tion des séminaires, les membres de ces com-
» munautés parviendraient non-seulement aux
» degrés, mais aux emplois de professeurs publics
» de l'Université; ce qui est contre l'usage et la dis-
» cipline constante de ces corps. Les universités
» sont des corps séculiers, et l'on a toujours pensé
» qu'y introduire les réguliers, ce serait les dé-
» truire. Les séculiers n'ont rien qui contreba-
» lance les liens qui les attachent aux universités,
» et par conséquent ils ne peuvent aspirer qu'à
» leur gloire et à leur avantage. Il n'en est pas de
» même des réguliers : astreints, par des vœux,
» à un genre de vie et à l'observation d'une règle
» particulière, soumis à des supérieurs non aca-
» démiques, et qui souvent dépendent eux-mêmes
» d'une puissance étrangère ; dévoués aux inté-
» rêts de leurs communautés, toujours différents
» et quelquefois opposés à ceux des universités ;
» imbus d'opinions qui ont pris crédit dans leur
» ordre, et qui sont chez eux une espèce de règle
» de penser, ils n'ont jamais paru propres à gou-
» verner des écoles académiques. D'ailleurs, on
» a toujours pensé qu'il serait dangereux de leur
» accorder le droit d'enseigner dans les écoles
» publiques, parce que ce droit eût été pour eux
» un moyen d'attirer les meilleurs sujets dans

» leur communauté, et d'acquérir une trop grande » autorité par le crédit qu'ils auraient conservé » sur l'esprit de leurs disciples,

» L'agrégation des séminaires serait une » source de divisions entre les évêques et les » universités. Il pourrait arriver que les disci- » ples de ces nouvelles écoles ne seraient pas » trouvés dignes des degrés. Les directeurs des » séminaires s'en offenseraient. Les évêques se » plaindraient de la rigueur des universités. Ils » attribueraient peut-être à la mauvaise humeur » et à une secrète vengeance les refus que leurs » séminaristes auraient éprouvés. De là des dif- » férends continuels qui ne pourraient aboutir » qu'à faire perdre aux séminaires les priviléges » d'écoles académiques, ou à les faire ériger en » autant d'universités par la concession du pou- » voir de graduer leurs élèves... Les évêques » prendraient donc le parti de demander le droit » d'examiner et de graduer leurs séminaristes ; » c'est celui que les jésuites prirent en 1643, sur » la seule appréhension de ces différends qu'ils » regardaient comme inévitables (1).

» Pour déterminer V. M. à accorder plus fa-

(1) J'ai rappelé ci-dessus les conclusions qu'ils prirent à cet égard dans leur procès de 1643 avec l'Université.

» cilement l'agrégation des séminaires, on dit » que les mœurs sont extrêmement corrompues » dans les grandes villes où les universités sont » situées, que les jeunes gens y vivent dans la » dissipation et quelquefois dans le libertinage... » Mais l'Université ne craint pas d'affirmer à V. » M. que les mœurs sont autant en sûreté dans » ses colléges que dans les séminaires, et elle » présume que les autres universités ont la même » attention... Les prélats n'ont donc pas à crain- » dre que les mœurs des jeunes ecclésiastiques » se dérangent dans les universités. Ils y trou- » veront en même temps des leçons de science » et de vertu; ils y apprendront à instruire et à » édifier. Et, au sortir de ces universités, ils ne » se rendront pas moins utiles aux diocèses par » leur piété et leur zèle que par leurs talents et » leurs connaissances! »

Ce langage était digne d'être entendu. Il le fut en effet du chef de la justice, du chancelier d'Aguesseau. Sa réponse à l'évêque de Périgueux fut un refus formel (1). Et cependant de quoi s'agissait-il? De préparer aux degrés pour le siècle? Non; mais seulement d'y préparer

(1) V. sa lettre, t. X, p. 180, 181, an 1747. C'est une pièce intéressante.

pour l'Église!! Les raisons de l'illustre magistrat sont que les séminaires ne peuvent offrir des professeurs aussi habiles et aussi éclairés que ceux des universités; que l'émulation est renfermée dans des bornes plus étroites lorsqu'elle n'a lieu qu'entre des ecclésiastiques élevés dans un séminaire que lorsqu'elle est excitée par le concours de ceux qui étudient dans les universités. D'Aguesseau parle ensuite au nom du bien général des études et de leurs progrès. Il termine ainsi :

« Je suis fort touché de l'objet principal de » votre demande qui est de conserver l'inno» cence des mœurs dans ceux qui se destinent » au culte des autels. Mais il y a un moyen de » concilier, en cette matière, l'intérêt de la reli» gion avec celui des universités et des études; » c'est de suivre l'exemple d'un établissement » qui a été fait à Toulouse. On y a fondé, il y a » déjà du temps, un séminaire pour y recevoir les » ecclésiastiques des différens diocèses du Lan» guedoc qui veulent étudier et prendre leurs » degrés dans l'Université de cette ville. »

La fermeté du gouvernement soutenait donc avec vigilance les priviléges des universités; elle résistait aux plus puissantes influences pour sauver de toute atteinte le droit de l'État, dont ces corps illustres étaient les fidèles dépositaires. Si nous voulons juger cette politique d'après les principes sociaux alors prépondérants, nous la trouvons sage et prévoyante. Le gouvernement comprenait à merveille que le clergé, cette portion si respectable et si utile de la nation, cette puissance douée d'un si grand ascendant sur les directions et les destinées de la vie sociale, ne devait pas se former dans des régions trop solitaires, trop séparées de ce monde, qu'il faut apprendre à connaître pour savoir le bien diriger. Il voulait que les dernières épreuves de son éducation le rattachassent à ces universités dans lesquelles la France reflétait son esprit, et où chaque siècle avait laissé l'empreinte de ses idées et de ses mœurs. Et pourquoi donc aurait-on abandonné, dans un entraînement irréfléchi, les pratiques d'un système d'enseignement consacré par l'expérience ? N'était-ce pas sous l'empire de ce mélange mesuré de l'instruction cléricale et de l'instruction séculière, de ce rapprochement de la jeunesse des temples avec la jeunesse du siècle, que le clergé français, fort de ses études variées et de son éducation nationale, s'était élevé si haut par ses lumières, son patriotisme, ses vertus ; qu'il avait donné à l'État des Richelieu, à la science et aux lettres des Fleury, aux libertés de l'Église gallicane un Bossuet (1) ?

(1) Sous Louis XVI, les évêques de Toul et Metz obtinrent l'agrégation de leurs séminaires à l'Université de Lorraine (ord. de Lorraine, édits de 1776 et 1778). Mais il ne paraît pas qu'il y eût d'opposition, et il y avait pour l'évêché de Toul et celui de Metz des considérations locales qui permettaient de faire fléchir la règle.

## CHAPITRE XXXIV.

### DE L'ENSEIGNEMENT PRIMAIRE.

Au-dessous de l'enseignement universitaire se place l'enseignement primaire, qui ouvre l'esprit des enfants aux premières notions de la religion et des lettres. On doit au zèle de l'ancien clergé français des actions de grâces pour les établissements sans nombre qu'il ouvrit à l'enfance dès les temps les plus reculés de la monarchie (1). Les capitulaires des évêques et

(1) *Mém. du clergé*, t. I, p. 969; t. V, ch. 2, nº 1.

Capitul. de Théodulfe, évêque d'Orléans, de 797, c. 20: « Presbyteri per villas et vicos scholas habeant, et si quili-

les décrets des conciles n'ont cessé de recommander à la charité des curés le soin de former les enfants à la religion et aux premières lettres (1), et des fonctionnaires ecclésiastiques furent institués dans les églises cathédrales pour se livrer à un enseignement si nécessaire et si précieux.

Cet enseignement eut une certaine activité ; et lorsque le pouvoir civil se reconstitua, il crut qu'il n'y avait rien de mieux à faire que de le laisser aux mains pieuses dans lesquelles il avait prospéré. Les évêques furent en conséquence maintenus dans le droit de le diriger et de pourvoir à ses besoins (2). C'était un titre que l'Église gallicane plaçait au rang de ses principaux avantages et de ses plus honorables priviléges (3).

» bet fidelium suos parvulos *ad discendas litteras eis com-* » *mendare vult*, eos suscipere et docere non *renuant*, sed » *cum summâ caritate eos doceant.* »

(1) V. les *Mém. du clergé*, *loc. cit.*; conciles de Valence, de Rouen, de Narbonne, etc., etc.

(2) Édit de 1606, art. 14, enregistré le dernier février 1608.

Autre du mois d'avril 1695, art. 25.

Brillon, v° *Écoles*, et Durand de Maillane, v° *Juridiction*, qui donne en entier l'édit de 1695.

(3) *Journal des audiences* (année 1680), t. III, p. 360, *in fine*.

Quand le protestantisme eut pris pied en France, le pouvoir civil, pour le combattre avec plus de succès, renforça de plus en plus le droit des supérieurs ecclésiastiques; il sollicita leur intervention (1). Plusieurs fois cependant les officiers royaux ou municipaux voulurent contester à leur profit ce droit exclusif. Ils échouèrent (2); ils furent ramenés à l'ordonnance d'Orléans de 1560 qui ne leur donnait que le droit d'être consultés par les évêques.

« Une prébende, ou le revenu d'icelle, demeu-
» rera destinée pour l'entretenement d'un pré-
» cepteur qui sera tenu, moyennant ce, d'in-
» struire les jeunes enfans de la ville gratuitement,
» lequel précepteur sera élu par l'archevêque ou
» évêque du lieu, appelés les chanoines de leur

(1) Déclar. du mois de février 1637. (*Mém. du clergé*, t. I, p. 976; t. V, ch. 2, n° 13.)

(2) V. l'arrêt du conseil du 16 oct. 1641, portant défense à la cour souveraine de Salins et au présidial de La Rochelle de prendre connaissance des petites écoles. (*Mém. du clergé*, *loc. cit.*, p. 985.)

Autre du 20 août 1668, portant pareilles défenses aux officiers de justice du parlement de Toulouse.

Arrêt du parlement de Paris du 23 janvier 1680, qui fait aussi ces défenses aux échevins de la ville d'Amiens. (*Loc. cit.*, p. 1000; *Journal des audiences*, t. III, p. 350.)

» église, *et le maire, échevins, conseillers ou capi-* » *touls* de la ville, et destituable par ledit arche- » vêque ou évêque par l'avis des dessus dits. »

Il est certain du reste que, dans l'exercice de ce droit, le clergé ne fut que le représentant de la puissance publique. Pour le prouver, nous ne remonterons pas aux constitutions de Charlemagne et de ses fils, qui ordonnèrent avec tant de sollicitude et d'instance la formation d'écoles primaires dans les cures. Il nous suffira du document suivant :

« Monsieur l'évêque de Poitiers (disait le roi » Louis XIII dans une lettre écrite à ce prélat le » 15 septembre 1640), *entre les soins auxquels les* » *princes sont obligés, il n'y en a aucun qui apporte* » *plus d'utilité au public que de régler les choses qui* » *concernent l'éducation des enfans dans la crainte de* » *Dieu et la connaissance de la religion et de leurs* » *devoirs en toute condition.* . . . . J'ai donc estimé » nécessaire pour cette fin *d'ordonner* que toutes » les écoles pour les garçons soient tenues par » des hommes, et que toutes celles pour les filles » soient régies par des femmes ou par des filles, » sans que les garçons et les filles puissent jamais » être reçus en mêmes écoles. . . . . J'ai désiré » vous faire cette lettre pour vous dire que mon

» intention est *que vous pourvoyiez au plustôt, en toute* » *l'étendue de votre diocèse, à l'observation de cet or-* » *dre* (1). »

Ainsi donc, le régime des petites écoles était du domaine de la police ecclésiastique (2) et non du domaine de la police laïque; mais en ce sens seulement que les supérieurs ecclésiastiques en avaient la direction par délégation de la puissance publique. C'est pourquoi le roi faisait planer sur cette attribution de l'épiscopat un droit supérieur ; c'était une de ces parties de la police ecclésiastique qui touchent aux intérêts temporels de l'État, et que l'État ne saurait abandonner. Aussi était-ce un principe de droit public que le prince seul instituait et gouvernait les grandes et petites écoles (3). Pour s'en écarter, il aurait fallu pousser le sophisme jusqu'à soutenir que l'enfance ne fait pas partie de l'État; que les notions qui lui sont inculquées pour servir de base aux études plus éle-

(1) *Mém. du clergé*, t. I, p. 977.

(2) *Journ. des audiences, loc. cit.*, p. 359; Brillon, v° *Écoles ;* Durand de Maillane, v° *École,* p. 433.

(3) V. *infrà* la requête de l'Université de Paris ; *Junge* le *Journ. des audiences* , *loc. cit.*, p. 361.

vées ne font pas partie de l'instruction publique !

Je disais tout à l'heure que dans les villes épiscopales le soin des écoles inférieures avait été confié, sous l'autorité de l'évêque (1), à certains dignitaires ecclésiastiques, par exemple à l'écolâtre (2). Ces dignitaires étaient très jaloux de leurs fonctions. Ils en maintenaient l'exercice contre les curés, les échevins des villes et tous autres prétendants-droit (3). Par exemple, les monuments de la jurisprudence nous font connaître un arrêt du parlement de Paris du 5 juillet 1718, rendu sur les conclusions de M. l'avocat général de Lamoignon, qui, sur un appel comme d'abus interjeté d'une sentence de l'officialité de Reims, maintient M. de Jugny, écolâtre de la cathédrale, dans le droit d'instituer et destituer les maîtres d'école de la ville de Reims, villes et villages du diocèse, et fait défense à ceux-ci d'enseigner sans avoir pris les

(1) V. Brillon, v° *Écolâtre.*

(2) V. la savante discussion rapportée au *Journ. des audiences*, t. III, p. 353, 354 et 359 (année 1680).

Il y a, p. 359, un fragment intéressant d'un plaidoyer d'Antoine Loisel sur l'origine des fonctions d'écolâtre.

(3) V. l'arrêt du parlement de Paris du 23 janvier 1680 (*Journ. des audiences, loc. cit.*).

lettres d'institution de l'écolâtre, que ce dignitaire leur délivrera gratuitement (1). »

Dans les villes où il y avait des églises collégiales, c'était ordinairement le chantre qui jouissait de ce privilége (2).

Les curés n'avaient droit que d'instituer des écoles de charité pour les enfants pauvres (3).

A Paris, le grand-chantre de l'église cathédrale de Notre-Dame remplissait l'importante fonction de présider à l'enseignement inférieur. Mais ce dignitaire, au lieu de se renfermer dans les limites de ses attributions, avait cherché à étendre le cercle de l'enseignement propre aux petites écoles. Il avait institué des maîtres qui professaient les sciences et arts du domaine exclusif des universités. Par-là, l'Université de Paris, déjà attaquée par les pré-

(1) Brillon, v° *Écolâtre.*

(2) *Id.*

Arrêt du parlement de Paris du 15 févr. 1653, qui maintient le chantre de l'église collégiale de Saint-Quiriace de Provins dans le droit d'instituer les maîtres d'école contre les major et habitants de Sordun.

(3) Brillon, v° *Écoles* et *Écolâtre.* V. la discussion savante du *Journ. des audiences* lors de l'arrêt du 23 janvier 1680, t. III, p. 350, et l'édit précité de 1695, art. 25.

tentions collatérales des jésuites, se trouvait pressée par en bas par celles que le grand-chantre soulevait. Un procès ne pouvait manquer d'éclater. Il fut porté devant le parlement de Paris. Le chantre soutenait que rien ne l'empêchait de donner pouvoir aux maîtres d'enseigner dans les écoles au delà de la grammaire. Au contraire, l'Université disait que les petites écoles devaient être bornées aux éléments de la grammaire, nécessaires pour entrer dans les basses classes des colléges. Ses moyens de défense se trouvent en entier dans les recueils (1). En voici un court résumé.

L'Université, se plaçant sous la protection des principes de haute politique qui font de l'enseignement un droit public, rappelle d'abord cette règle fondamentale, que le prince seul peut établir des écoles dans ses États pour l'instruction de la jeunesse, et que l'entreprise du chantre est un attentat au droit du roi; car c'était moins ses priviléges comme corporation, que les droits de la couronne, représentés par elle, que l'Université de Paris défendait ici. Elle ne contestait pas au chantre la direction des pe-

(1) Bouchel, *Bibliothèque canonique*, v° *Collége*, addit.

tites écoles, sachant bien que de tout temps les églises cathédrales avaient eu des écoles où l'on envoyait les enfants pour apprendre les premiers principes de la foi et des lettres (1). Mais elle soutenait qu'il devait tenir ces écoles dans les justes bornes de leur institution, et qu'aller au delà c'était entreprendre sur les fonctions publiques des universités; que, par les statuts de l'Université de Paris, approuvés par Henri IV, il avait été défendu à tout maître enseignant les lettres, autres que les éléments de la grammaire, de retenir les enfants dans leurs établissements sans les envoyer dans les colléges (2). L'Université rappelle les arrêts qui, en maintenant le droit exclusif du grand-chantre (c'était aussi un monopole légal qu'il réclamait) de constituer et autoriser les petites écoles, et, en défendant de tenir des écoles secrètes et buissonnières non autorisées par lui, avaient entendu que ces écoles n'enlève-

(1) C'est de là que la partie inférieure de la nef et la place qui est au devant des portes des églises s'appelle aujourd'hui PARVIS, *à parvis edocendis.* (Req. de l'Université de Paris; Bouchel, *loc. cit.*, p. 297.)

(2) Art. 10 des statuts de la faculté des arts et art. 15 de l'appendice.

raient pas aux colléges des universités les élèves qui doivent aller y chercher, sous des maîtres plus capables, un enseignement plus élevé.

« Si M. le chantre (continuait l'Université) a le pouvoir d'ériger toutes sortes d'écoles, s'il peut établir dans la ville, faubourgs et banlieue, des colléges sans nombre et tant qu'il lui plaît, permettre à des particuliers *sans caractère* de tenir des pensionnaires à tout âge et de tout pays, d'y faire enseigner le grec, le latin, la grammaire, la rhétorique et toute autre sorte d'arts et de disciplines, la philosophie même, la jurisprudence, la médecine, la théologie, *comme portent les affiches*, il faut demeurer d'accord *qu'à moins qu'il n'ait obtenu du prince quelque nouvelle attribution de pouvoir, il a plus de droit et d'autorité, lui seul, que tous les princes fondateurs, auxquels nos jurisconsultes ne permettent pas même de rétablir ou réformer les anciennes universités, bien loin d'en instituer de nouvelles, sans lettres de leur souverain. « Si fiduciarius regalus*, dit Chopin (1), *mu- » sæi publici restituendi ac reformandi quibusdam » munus delegarit suo diplomate, puta, in civitate fi- » duciariâ, existimo regiæ auctoritatis jus imminu- » tum. »*

(1) *De domanio*, lib. 3, t. 27.

» Le chantre de Paris érige de son autorité privée une nouvelle université dans la capitale du royaume avec une entière indépendance, *avec la liberté d'enseigner tout ce qu'elle veut*, et sans être assujétie à l'inspection et à la visite de qui que ce soit, *sinon à la sienne*.

» Et cependant saint Thomas, dans le livre qu'il a fait *contra impugnantes religionem*, demeure d'accord, après Aristote au livre Ier de ses Morales, que « *ad eum qui rempublicam regit, pertinet ordinare de nutritionibus et instructionibus juvenum, in quibus exerceri debeant et quales disciplinas unusquisque addiscere et usquequo habeat.* »

« C'est donc au prince, poursuit l'Université, » qu'il appartient de prescrire ce que doivent » faire les grandes et *petites écoles*. Or le prince a » voulu que les petites écoles ne pussent ensei- » gner qu'à lire et à écrire et les premiers prin- » cipes de la langue latine jusqu'à neuf ans ac- » complis (1)... »

Puis, l'Université établit que la prétention du grand-chantre n'allait à rien moins qu'à rendre inutiles les études académiques ; elle réfute l'objection que le grand-chantre tirait de la liberté des

(1) Ord. du 6 mai 1675.

parents de donner la préférence aux écoles dont il avait le monopole et la collation. « Le prince » ne contraint pas tous ses sujets de faire ap- » prendre le grec et le latin à leurs enfans, ni » tous les étudians de prendre leurs degrés. C'est » une liberté qu'il leur laisse tout entière. Mais, » supposé qu'ils étudient, *le prince peut les con- » traindre de n'étudier que dans les écoles qu'il a des- » tinées à l'instruction de la jeunesse.* Les censeurs » romains ne voulurent pas permettre que les » enfans des citoyens allassent aux écoles des » rhéteurs latins; ni l'empereur Antonin, que » les villes augmentassent le nombre des profes- » seurs, à moins que la cour des décemvirs ne » le jugeât nécessaire et ne les incorporât aux » autres ; ni Théodose et Valentinien, qu'il y eût » d'autres écoles que celles du Capitole (1)... »

Enfin, après toutes ces déductions prises du droit de la couronne et des éléments essentiels du droit public, l'Université ajoutait: « ... L'autorité de l'Université commence où » celle de M. le chantre finit ; de sorte que l'U- » niversité est fondée à faire ses visites aussi » bien chez tous ceux qui prennent des lettres

(1) P. 310.

» du chantre que dans les colléges qui dépendent » d'elle, pour y faire exécuter ses statuts et rè- » glemens. »

Tels étaient, en effet, les droits de la puissance publique, représentés par les universités. Le grand-chantre dépassait, dans un intérêt trop personnel et trop exigeant, ceux qu'il tenait de la délégation de l'État; il voulait se faire un moyen d'influence et une source de profits d'une attribution dont il devait compte à la société, origine primitive de sa compétence. Pour être fidèle à son mandat, il avait pour premier devoir d'en respecter les limites.

Toutefois, comme l'abus avait dégénéré en une possession que le défaut de surveillance suffisante de l'Université avait laissé vivre plusieurs années, le parlement, ne se trouvant pas assez éclairé, appointa la cause. Mais peu de temps après les choses rentrèrent dans leur cours naturel.

Un arrêt du conseil du 9 mai 1719 limita les maîtres des petites écoles à l'enseignement de l'écriture, l'orthographe, l'arithmétique (1). De plus, un règlement de 1708, homologué par

(1) Brillon, v° *Écoles.*

le parlement, soumit à l'inspection de l'Université les maîtres ès arts tenant pensionnat, et renouvela l'obligation de faire fréquenter les colléges par leurs élèves (1).

(1) *Junge* autres arrêts des 6 août 1779 et 2 avril 1784. Durand de Maillane, v° *Écoles*, p. 433.

---

# CHAPITRE XXXV.

## RÉSUMÉ ET CONCLUSION.

Résumons maintenant les faits nombreux que nous venons de parcourir.

L'enseignement, d'après les principes essentiels de l'ancien droit public, est un droit de la couronne. Il est reconnu et proclamé que l'un des principaux objets du gouvernement est de veiller à l'éducation de la jeunesse, et que c'est là un des points les plus importants à la conservation de la monarchie (1). De là, le droit ac-

(1) Requête de l'Université de 1724, rappelée dans celle

quis à la puissance publique de diriger l'éducation des colléges existant en dedans ou en dehors des universités, de la maîtriser dans des voies conformes au principe du gouvernement. De là, cette maxime si souvent consacrée par les édits et les arrêts, que nulle école, grande ou petite, ne peut s'établir en France que par le bon plaisir du roi (1).

Si, dans des temps plus reculés, ce droit est demeuré suspendu et comme assoupi, si l'Église a été alors en possession de répandre les lumières et l'enseignement, il n'est résulté de là qu'un déplacement provisoire et passager du droit d'enseigner, que l'occupation accidentelle d'une fonction qui ne doit jamais vaquer, mais non pas une prescription de nature à dépouiller l'État d'une prérogative imprescriptible !!

Bientôt, en effet, l'État reparaît, et il revendique l'enseignement comme sa propriété, comme son droit ; l'Église entend ce langage : elle se soumet ; elle accepte la sécularisation des universités comme un fait social inévita-

dont nous avons donné l'analyse tout à l'heure. (Piales, t. I, p. 292.)

(1) Bouchel, *Biblioth. de droit canonique*, v° *Collége*. Brillon, v° *Collége*, et toutes les autorités citées *suprà*.

ble; elle continue à laisser dans ces écoles respectées la pépinière de ses jeunes disciples (1). En même temps l'instruction publique prend, sous la main du pouvoir civil, une organisation plus uniforme et plus régulière. Les universités, relevant immédiatement du gouvernement central, reçoivent des édits et des arrêts une impulsion réformatrice plus immédiate, plus constante, plus efficace. Au milieu d'elles s'élève l'Université de Paris, avec le titre de mère de toutes les autres, avec le droit d'intervenir dans tous les débats qui intéressent l'enseignement public, avec un patronage qui établit entre les universités du royaume une communauté d'intérêts, un esprit de corps, un principe d'unité et de hiérarchie.

Ces universités sont privilégiées pour l'enseignement académique (2); elles conservent, sous le gouvernement de la puissance séculière, les fonctions exclusives et le monopole légal dont elles ont été investies pendant le règne de

(1) On se rappelle le mot de l'Université de Paris: « *Les universités sont les séminaires naturels de l'Église et de l'État !!* »

(2) *Voyez*, outre ce qui a été dit *suprà* à ce sujet, l'édit de 1763 rapporté dans l'appendice de cette dissertation.

la puissance ecclésiastique. Car il est à remarquer que, dans les phases diverses que le droit d'enseigner a subies depuis l'empire romain jusqu'à la révolution de 1789, il est invariablement resté une fonction publique, une délégation du pouvoir dominant, et, par conséquent, un privilége attaché à certains corps, et, en dernier lieu, aux universités. L'État et l'Église n'ont pas eu deux manières de le considérer dans l'ancien régime, et la liberté d'enseignement est (comme je le disais en commençant) une idée moderne dont notre ancienne société n'eut jamais conscience.

Cependant une compagnie, célèbre par sa vocation pour l'enseignement, ayant apporté en France ses colléges, ses statuts, ses plans nouveaux, des tentatives sont faites par elle pour partager avec les universités établies les études académiques; et, sous prétexte d'une agrégation impraticable, elle demande à être elle-même une université. Ce n'est pas la liberté pour tous qu'elle réclame; c'est une extension de privilége, une participation au monopole légal, une communication du pouvoir de l'État. Bientôt, les évêques élèvent la même prétention pour les séminaires que leur ont donnés le concile de Trente et les ordonnances de nos rois. Cette tentative était périlleuse pour les universités ; il y allait de leur existence. Tout aurait été université, excepté les universités mêmes !! et le droit de la puissance publique, qu'elles résumaient et représentaient si parfaitement et avec tant de fidélité, courait risque d'être surpris, faussé, renversé. Mais le gouvernement veillait ; les magistrats étaient à leur porte, et la prérogative de la puissance publique resta dans son intégrité.

Ce conflit des séminaires et des universités est le dernier auquel nous fasse assister l'histoire de l'ancien droit public. La solution qui le termina est l'éclatante démonstration de ce principe que nous énoncions au commencement de cette dissertation, savoir, que depuis que l'État est arrivé à une organisation fixe et régulière, l'enseignement a été, dans notre ancienne constitution, un droit régalien, ou, ce qui est la même chose, une branche de la puissance publique, un élément du pouvoir social.

Je m'arrête ici, oubliant les tentatives impuissantes de la révolution, je m'arrête, dis-je, sur le seuil de l'Empire qui recueillit les traditions des anciennes universités, pour construire sur leurs débris une université embrassant dans son unité vigoureuse toutes les parties du territoire et tous les degrés de l'enseignement. — Il ne m'appartient pas de rechercher dans cette Académie si un droit nouveau doit sortir de la Charte de 1830 et prendre la place de celui dont je viens de donner l'exposé. Sans m'écarter de l'histoire, et sans que le respect que nous devons avoir ici pour l'entière indépendance du présent nous empêche d'être justes pour le passé, je me bornerai à dire, à l'honneur de l'ancien système d'enseignement, que c'est dans cette Université de Paris, fille aînée, mais fille toujours mineure de nos rois; que c'est aussi dans les autres universités du royaume, ses rivales en émulation pour les sciences et en dévouement à la couronne, que se sont préparés pour le service de l'État et pour la gloire des lettres tant de magistrats illustres, de prélats éminents, de savants et de génies incomparables, qui ont porté si haut l'éclat et la réputation du nom français.

---

# APPENDICE.

---

## ÉDIT DU ROI,

PORTANT RÈGLEMENT POUR LES COLLÉGES QUI NE DÉPENDENT PAS DE L'UNIVESITÉ, DU MOIS DE FÉVRIER 1763, ENREGISTRÉ AU PARLEMENT (1).

Louis, par la grâce de Dieu, roi de France et de Navarre, à tous présents et à venir, salut. Les écoles publiques destinées à l'éducation de la jeunesse dans les lettres et les bonnes mœurs, et à la culture et l'accroissement des différents genres de connaissances que chaque sujet y peut puiser, autant qu'il convient à son état et à sa destination, ont toujours été regardés comme un des *fondements les plus solides de la durée et de la*

(1) Cet édit m'a paru utile à connaître dans son entier. Son préambule est surtout intéressant; il contient un exposé succinct et raisonné du double droit de l'État sur l'enseignement universitaire, et sur l'enseignement donné hors des universités.

*prospérité des États,* par la multitude et la suite non interrompue des sujets qu'elles préparent aux divers emplois de la société civile, par l'épreuve longue et assidue qu'elles font de la portée de leurs talents, enfin par tout ce qu'elles contribuent d'avantageux à la gloire des sciences et des lettres, qui fait un si grand sujet d'émulation entre les nations policées. Un objet si important n'a jamais échappé à l'attention des rois nos prédécesseurs ; et, dès les siècles les plus reculés de la monarchie, ils en ont été occupés à proportion de ce que leur permettaient les circonstances des temps ; en quoi ils ont toujours été secondés par le zèle et par les soins des personnes les plus recommandables de leur État, et surtout par les principaux membres du clergé. Dans les siècles d'ignorance et de confusion, les lettres trouvèrent un asile dans les églises cathédrales et dans les monastères les plus célèbres qui purent conserver leur liberté et leur repos sous la protection et la garde de nos prédécesseurs, tandis que l'Université de Paris, de l'origine la plus ancienne, traçait dès lors le modèle d'un autre genre d'écoles, plus régulier et plus complet. A l'exemple de cette première Université, formée sous les yeux des rois nos prédécesseurs, et appuyée de toute leur faveur et de toute leur protection, il en a été établi d'autres en plusieurs villes principales de notre royaume, où chacune d'elles présente un centre d'études et de savoir universel érigé en corps d'université, composé de personnes ecclésiastiques et séculières, partagé en autant de facultés qu'on a cru pouvoir distinguer de genres principaux de sciences relatifs au service de l'Église et de l'État, et non-seulement destinés à les faire fleurir et à les enseigner, mais encore à conférer des degrés, sur la foi desquels ceux qui les obtiennent, après les épreuves requises, puissent être admis au titre et à l'exercice des différentes fonctions de l'ordre ecclésiastique et civil; en sorte que l'institution des universités fait une partie essentielle de l'ordre public, puisque, par les degrés qu'elles confèrent, ce sont elles qui ouvrent l'accès à la plus grande parties des fonctions publiques, et jusqu'aux dignités même les plus éminentes de l'Église et de l'État. Au grand ouvrage de l'établissement des universités, il en a été ajouté un autre d'un ordre moins élevé, mais d'un détail plus étendu, auquel l'autorité et la sagesse des rois nos prédécesseurs ne se sont pas moins intéressées: comme les écoles des universités, fixées dans un certain nombre de villes, ne pouvaient servir qu'à ceux qui étaient en état de les fréquenter, la jeunesse se trouvait privée partout ailleurs, même dans les autres villes les plus nombreuses et les plus distinguées, du secours et des avantages de l'éducation publique. Pour y remédier, autant qu'il était possible, la plupart des villes de notre royaume ont successivement obtenu l'établissement de colléges particuliers, bornés à l'éducation et à l'instruction si utiles en elles-mêmes, indépendamment des degrés, et propres en même temps à y préparer ceux qui, pour les obtenir, voudraient dans la suite passer aux universités, et y accomplir le cours des études académiques. Tout a concouru à la dotation de ces colléges, le clergé à celle de la plupart, par l'application des prébendes préceptoriales destinées à l'instruction de la jeunesse, aux termes des ordonnances d'Orléans et de Blois, et par l'union des bénéfices ecclésiastiques; les corps municipaux, par les engagements qu'ils ont pris pour aider à en soutenir les charges; les particuliers de tout ordre et de toute condition, par leurs dons et leurs libéralités; les rois mêmes, par leurs grâces et par leurs bienfaits. C'est ainsi que, sous l'autorité des rois nos prédécesseurs, et la nôtre, *sans laquelle il ne peut être permis d'établir aucune école publique dans notre royaume*, se sont établies les deux sortes d'écoles qui existent aujourd'hui dans nos États; les unes gouvernées par les universités, sous leur inspection et leur discipline, soumises à leurs lois et à leurs statuts; les autres subsistantes chacune par son propre établissement, et dispersées dans toute l'étendue de notre royaume. Nous devons également à toutes notre protection royale et notre attention paternelle, et, dans l'intention où nous sommes de porter successivement nos vues sur les différentes parties d'un objet si intéressant et si étendu, nous ne négligerons pas, sans doute, ce qui regarde le bon ordre, le maintien et la splendeur des universités, leur réformation même, s'il en est besoin: mais ce qui nous paraît le plus instant, c'est d'apporter un meilleur ordre à l'état de tant de colléges particuliers répandus partout; la multiplicité de ces colléges, l'obscurité et l'indigence des revenus d'un grand nombre d'entre eux, peuvent faire craindre qu'il ne s'en trouve plusieurs dont l'établissement peu solide, le défaut de règles, ou les vices de l'administration exigent une entière réforme, ou une réunion à d'autres collèges plus utiles et mieux établis, quelques-uns même une entière suppression. C'est dans cette vue que nous jugeons à propos, d'un côté, d'ordonner qu'il nous sera rendu incessamment un compte exact de l'établissement de chacun de ces collèges, et de tout ce qui peut nous faire connaître quelle est sa situation actuelle ; et, de l'autre, de donner, dès à présent, à ces collèges, autres néanmoins que ceux dont l'administration serait entre les mains de congrégations régulières ou séculières pour les desservir et gouverner, une forme d'administration qui leur soit commune, et qui, sans préjudicier aux droits légitimes des fondateurs, ni aux conditions primitives des fondations bien et dûment autorisées, puisse satisfaire à ce qui regarde la conservation et l'amélioration des biens, la dispensation régulière des revenus, le choix des sujets pour les places à remplir, la discipline pour les études et pour les mœurs, et en général veiller à tout ce qui est du bien et de l'avantage de chaque établissement. Nous avons jugé ne pouvoir choisir de meilleure forme d'administration que celle d'un bureau formé pour chaque collége, et composé de divers ordres de personnes, soit du clergé, intéressé à plusieurs titres à y prétendre part, soit du nombre des officiers de justice, pour qui ce genre d'administration est un objet de bien public et de police, soit du corps municipal et des notables habitants du lieu, à qui surtout l'éducation des enfants des citoyens doit être recommandable; en quoi nous avons cherché à nous conformer, autant que l'objet le pouvait comporter, à l'exemple que nous a laissé le feu roi notre très honoré seigneur et bisaïeul, dans sa déclaration du 12 décembre 1698, donnée pour une administration d'un genre également utile au bien de ses sujets; et nous avons cru ne pouvoir choisir un moment plus heureux pour faire éclore une loi destinée au rétablissement et à la perfection d'une partie si intéressante de l'ordre public que celui où la certitude de la paix va nous mettre en état de ne nous occuper que de leur avantage et de leur bonheur. A ces causes et autres considérations à ce nous mouvant, de l'avis de notre conseil, et de notre certaine science, pleine puissance et autorité royale, nous avons par notre présent édit, perpétuel et irrévocable, dit, statué et ordonné, disons, statuons et ordonnons, voulons et nous plaît ce qui suit.

Art. I. Ceux qui seront chargés de la direction et administration desdits colléges, soit qu'ils se trouvent régis et desservis par des congrégations régulières ou séculières, ou par quelques autres personnes que ce puisse être, seront tenus de nous remettre dans six mois, pour tout délai, à compter du jour de la publication et enregistrement de notre présent édit, des états exacts de tout ce qui peut concerner les titres d'établissements desdits colléges, et les unions des bénéfices qui y ont été faites ; le lieu et le diocèse où ils sont situés, le nombre des classes, des professeurs, régents et écoliers, les biens, revenus et fondations, leurs charges, honoraires, pensions et gages, la manière dont ils sont régis, et généralement tout ce qui pourra servir à faire connaître leur administration et leur situation actuelle, auquel état ils joindront telles observations qu'ils aviseront bon être, sur les avantages ou les inconvénients qui peuvent résulter desdits établissements ; pour, sur le compte qui nous en sera rendu par les personnes que nous jugerons à propos d'en charger, et sur les représentations et mémoires que nos cours et nos procureurs généraux pourront nous présenter à ce sujet, nous soyons en état de nous déterminer sur ceux desdits colléges *qu'il y aura lieu de placer ailleurs*, de réunir à d'autres, ou même *de supprimer*, et de pourvoir définitivement par nos lettres patentes, que nous ferons expédier en la forme ordinaire, à l'état de ceux que nous aurons jugé à propos de conserver; même à ce qui pourrait être de notre autorité par rapport aux unions de bénéfices qui y auraient été faites : voulons que, jusqu'à ce, les pensions ou autres revenus qui ont été donnés par nous ou par les rois nos prédécesseurs, à aucuns desdits colléges, continuent de leur être payés en la manière accoutumée: n'entendons, au surplus, comprendre dans les dispositions du présent article les colléges qui font partie des universités de notre royaume, ou qui en dépendent, ni déroger aux droits et priviléges desdites universités.

II. Les ordinaires des lieux continueront de jouir de l'autorité et des droits qui leur appartiennent sur tout ce qui concerne le spirituel, la célébration de l'office divin, l'administration des sacrements, la représentation et censure des livres et cahiers par rapport à l'enseignement de la foi dans lesdits colléges; enjoignons à nos cours de les en faire jouir, ainsi qu'ils en ont bien et dûment joui ou dû jouir par le passé.

III. Nos cours, et autres juges qui en doivent connaître, exerceront dans lesdits colléges l'autorité et la juridiction qui leur a été confiée par nous ou par les rois nos prédécesseurs, sur tout ce qui concerne la police, régie et administration des écoles.

IV. Et voulant pourvoir dès à présent à la régie et administration desdits colléges, autres toutefois que ceux dont l'administration et desserte se trouve entre les mains de congrégations régulières et séculières, ordonnons qu'aussitôt après la publication et enregistrement des présentes, il sera formé en chacun d'iceux un bureau, pour y être réglé tout ce qui pourra concerner ladite régie et administration.

V. Dans les villes où il y a parlement ou conseil supérieur, ledit bureau sera composé de l'archevêque ou évêque qui y présidera, de notre premier président en notredite cour, de notre procureur général en icelle, des deux premiers officiers municipaux, de deux notables de ladite ville choisis par ledit bureau, et du principal dudit collége; et, en cas d'absence dudit archevêque ou évêque, il sera remplacé par une personne ecclésiastique par lui choisie, qui se placera après notredit procureur général.

VI. Dans les autres villes et lieux, ledit bureau sera composé de l'archevêque ou évêque, qui y présidera, du premier officier de la justice royale ou seigneuriale du lieu, de celui qui y sera chargé du ministère public, de deux officiers municipaux, de deux notables du lieu choisis par ledit bureau, et du principal du collége; et, en cas d'absence dudit archevêque ou évêque, il y assistera telle personne ecclésiastique qui aura par lui été commise à cet effet, laquelle prendra place après celui qui présidera audit bureau.

VII. Lesdits bureaux s'assembleront dans un mois au plus tard, à compter du jour de la publication et enregistrement du présent édit et ensuite deux fois par mois au moins, dans une salle dudit collége, qui sera destinée auxdites assemblées; les délibérations y seront prises à la pluralité des suffrages; et, en cas de partage d'opinions, l'avis de celui qui présidera aura la prépondance, les délibérations seront écrites par celui qui aura été commis par le bureau, pour lui servir de secrétaire, sur un registre paraphé par première et dernière par l'officier de justice qui fera partie dudit bureau, et signées par tout ceux qui y auront assisté.

VIII. Lesdits registres et autres titres et papiers du collége seront mis en ordre par ledit secrétaire, et placés dans des armoires qui seront pratiquées, autant que faire se peut, dans ladite salle, et n'en pourront être déplacés que sur un récépissé donné par celui à qui ils auront été confiés.

IX. La nomination aux chaires de *théologie*, qui se tiennent dans les écoles publiques, autres que *celles des universités*, appartiendra aux archevêques et évêques, chacun dans leur diocèse.

X. Voulons néanmoins que, dans ceux desdits colléges qui sont actuellement régis et desservis par des congrégations régulières ou séculières, les chaires de professeurs de théologie, qui s'y trouveront établies, soient remplies, comme par le passé, des sujets que leurs supérieurs jugeront les plus propres à y professer la théologie.

XI. Voulons pareillement que si, dans aucuns desdits colléges, il se trouve des chaires de théologie qui soient à la nomination de personnes ecclésiastiques ou séculières, en vertu des titres en bonne forme, lesdites personnes continuent d'y nommer en la manière accoutumée.

XII. Dans les cas portés par les deux articles précédents, ceux qui auront été choisis par lesdits supérieurs, ou nommés par lesdites personnes ecclésiastiques ou séculières, pour remplir les chaires de théologie, ne pourront en prendre possession, ni en faire aucunes fonctions, qu'après avoir obtenu l'approbation de l'archevêque ou évêque diocésain, à l'effet de quoi ils seront tenus de se retirer par devers lui, et s'il ne juge pas à propos de la leur donner, et qu'ils le requièrent d'en dire les causes, il les donnera par écrit.

XIII. Dans tous les cas où les archevêques ou évêques auront nommé auxdites chaires de théologie, la destitution de professeur leur appartiendra, en en déclarant les causes, s'ils en sont requis; lorsque ladite nomination aura été faite par autres, ledit professeur ne pourra être destitué que par le concours desdits archevêques ou évêques, et de ceux qui l'auront choisi et nommé; en cas de refus de concourir à ladite destitution, soit de la part desdits archevêques ou évêques, soit de la part de ceux qui l'auront choisi et nommé, les motifs dudit refus seront déclarés par écrit; et, s'il vient de ceux qui l'ont choisi et nommé, lesdits archevêques ou évêques pourront révoquer leur approbation, en en déclarant pareillement les causes.

XIV. Lorsque ladite destitution ou ladite révocation de l'approbation auront été consenties, ou qu'elles auront été jugées valables, il sera nommé par ceux qui en ont le droit, et ainsi qu'il est porté par les articles précédents, un nouveau sujet pour remplir lesdites chaires de théologie.

XV. Tous les professeurs de théologie ainsi nommés seront tenus de se conformer aux dispositions de l'édit de 1682, concernant les quatre propositions contenues en la déclaration du clergé de France de ladite année.

XVI. Les principaux, les professeurs, autres que ceux de théologie, et les régents desdits colléges, seront, en cas de vacance, choisis et nommés par ledit bureau, après en avoir averti quinzaine auparavant chacun de ceux qui le composent, par un billet de convocation qui indiquera l'objet de l'assemblée.

XVII. Lesdits principaux, professeurs et régents ne pourront être destitués que par délibération dudit bureau, prise à la pluralité des deux tiers de voix, dans une assemblée indiquée exprès pour cet objet, et après y avoir été entendus, ou dûment avertis de s'y trouver.

XVIII. Les sous-principaux, maîtres et sous-maîtres de quartier, précepteurs et domestiques nécessaires pour ledit collége, seront choisis par le principal, sauf audit bureau à exiger de lui d'en choisir d'autres, par des motifs qui seront discutés en sa présence.

XIX. Tout ce qui concernera les heures et durée de l'enseignement, les congés et vacances, les fonctions des principaux, professeurs et régents, et la discipline du collége, sera traité et délibéré dans lesdits bureaux, sans qu'il puisse y être rien changé par la suite, si ce n'est par délibération prise à la pluralité des deux tiers des suffrages; et s'il y est jugé nécessaire d'y faire quelque règlement général pour la police et l'avantage du collége, il sera envoyé à nos procureurs généraux en nos cours, pour y être homologué à leur requête, et sans frais.

XX. Tout ce qui pourra concerner la police intérieure du collége sera maintenu par le principal, et il sera en outre veillé par un des administrateurs, qui sera nommé par le bureau à cet effet, pour, sur son rapport, être, en cas de besoin, pourvu ce qu'il appartiendra; et sera pareillement pourvu par délibération dudit bureau sur les difficultés qui pourraient survenir entre les principaux, professeurs et régents.

XXI. Les honoraires des principaux, professeurs et régents, les pensions des émérites, la régie des biens et revenus du collége, les réparations et constructions, la recette et la dépense, et tout ce qui concernera le temporel dudit collége, sera pareillement traité et délibéré dans ledit bureau.

XXII. Les baux à ferme ou à loyer, les emprunts, les remboursements, les acquisitions et les ventes des biens, seront réglés par ledit bureau; voulons néanmoins qu'il ne puisse être fait aucun emprunt ni aliénation qu'ils n'aient été délibérés à la pluralité des deux tiers des voix, et que ladite délibération n'ait été homologuée en nosdites cours, sur la requête de nos procureurs généraux, et seront lesdites ventes faites en plein bureau, au plus offrant et dernier enchérisseur, sur trois publications par affiches faites de quinzaine en quinzaine.

XXIII. Les actes portés par l'article précédent seront passés au nom du collége et signés seulement par deux administrateurs qui auront été nommés à cet effet par la délibération qui aura été prise pour raisons desdits actes.

XXIV. La recette des revenus et deniers du collége sera faite par le principal, ou par tel autre que le bureau aura choisi à cet effet, et ils seront tenus d'en rendre compte audit bureau une fois par mois par un bref état, et à la fin de l'année par un compte général et détaillé, qui sera reçu et arrêté par délibération du bureau, dans les trois premiers mois qui suivront ladite année, et en cas que les pensionnaires soient à la charge du principal, il règlera et régira seul lesdites pensions, sans en être comptable audit bureau, si ce n'est qu'il en eût été autrement convenu entre lui et ledit bureau, et réglé par une délibération expresse.

XXV. Il ne pourra être entrepris aucun procès, ni interjeté aucun appel au nom du collége, si ce n'est en vertu d'une délibération dudit bureau, et sur une consultation préalable, signée de deux avocats connus et exerçant la profession, et s'il est jugé nécessaire de poursuivre quelque affaire en justice réglée, les procédures seront faites sous le nom du principal et collége du lieu.

XXVI. N'entendons préjudicier, par le présent édit, aux droits des fondateurs, ni aux charges et conditions primitives des fondations bien et dûment faites dans lesdits colléges.

XXVII. N'entendons pareillement que les dispositions dudit édit puissent avoir lieu par rapport auxdits colléges, régis et desservis par les congrégations régulières ou séculières, si ce n'est pour les articles dans lesquels il en est fait mention expresse, nous réservant de faire connaître par la suite en la forme ordinaire nos intentions à l'égard desdits colléges. SI DONNONS EN MANDEMENT à nos amés et féaux conseillers les gens tenants notre cour de parlement d'Aix (1), que notre présent édit ils aient à faire lire, publier et registrer, et le contenu en icelui garder et observer selon sa forme et teneur, nonobstant toutes choses à ce contraires : car tel est notre plaisir; et afin que ce soit chose ferme et stable à toujours, nous y avons fait mettre notre scel. Donné à Versailles au mois de février, l'an

(1) Ceci ne doit pas faire supposer que cet édit était local; il fut fait pour toute la France, et reçut son exécution dans tous les ressorts, particulièrement à Paris. *Voyez* Durand de Maillane, v° *Écoles*, p. 439.

de grâce mil sept cent soixante-trois, et de notre règne le quarante-huitième. *Signé*, LOUIS : *Et plus bas*, par le roi, PHELYPEAUX. *Visa*, FEYDEAU. Et scellé du grand sceau de cire verte, en lacs de soie rouge et verte.

---

# TABLE

## DES CHAPITRES.

---

www.ingramcontent.com/pod-product-compliance
Ingram Content Group UK Ltd.
Pitfield, Milton Keynes, MK11 3LW, UK
UKHW012156240726
13966UKWH00002B/374